Einaudi. Stile

Con affetto
a Carolina

© 2017 Giulio Einaudi editore s.p.a., Torino

Pubblicato in accordo con S&P Literary - Agenzia letteraria Sosia & Pistoia

www.einaudi.it

ISBN 978-88-06-22926-9

Antonino Cannavacciuolo

Mettici il cuore

50 ricette per la cucina di tutti i giorni

Fotografie di Stefano Fusaro

Einaudi

Mettici il cuore

Cucinare è un gesto d'amore

Mangiare è un modo per stare insieme, e questo libro l'ho pensato proprio per venire incontro al desiderio che tutti abbiamo di condividere con gli altri i nostri istanti felici. Quelli piú semplici, quotidiani: il ritorno a casa dal lavoro, un piccolo successo, una partita in Tv. Anche gli istanti piú semplici, però, richiedono la giusta considerazione.

Avete presente lo stato d'animo particolare in cui ci troviamo quando siamo fidanzati da poco? È un momento magico in cui siamo pronti a tutto pur di far felice la persona che amiamo. Ci sobbarchiamo senza esitare chilometri e chilometri allo scopo di incontrarla, sottraiamo ore al sonno per stare con lei, badiamo a ogni nostro gesto perché possa comunicarle tutta l'attenzione e la cura che abbiamo nei suoi confronti. Siamo generosi di noi stessi.

Ecco, se stiamo preparando un pranzo o una cena, che sia per noi o per degli amici, dobbiamo riscoprire l'entusiasmo di quel tempo meraviglioso. E ciò è ancor piú vero nel caso in cui stiamo interpretando i piatti della tradizione, quelli di tutti i giorni, perché facilmente i nostri ospiti ne avranno un'idea precisa e personale; magari un ricordo legato alla mamma, alla nonna, a un giorno particolare.

Le ricette popolari hanno questo aspetto che le rende uniche: sono cariche di storia e di sentimenti. Quasi sempre sono nate dalla necessità e dalle ristrettezze, e a renderle speciali è stato l'amore, il desiderio di trasformarle in qualcosa di diverso da un puro sostentamento. «Vogliamo vivere, non sopravvivere», dicono i piatti della tradizione: sono la testimonianza di una disubbidienza, del rifiuto di accontentarsi. Oggi, poi, a ribellarsi sono i piatti stessi, che non vogliono piú essere chiamati poveri; e in effetti non lo sono piú. Ma la loro caratteristica fondamentale è rimasta invariata: richiedono piú lavoro, vogliono dedizione e tempo. Come, appunto, una fidanzata o un fidanzato che hanno appena cominciato a frequentarsi.

Vogliono, insomma, che ci mettiamo il cuore.

Antipasti

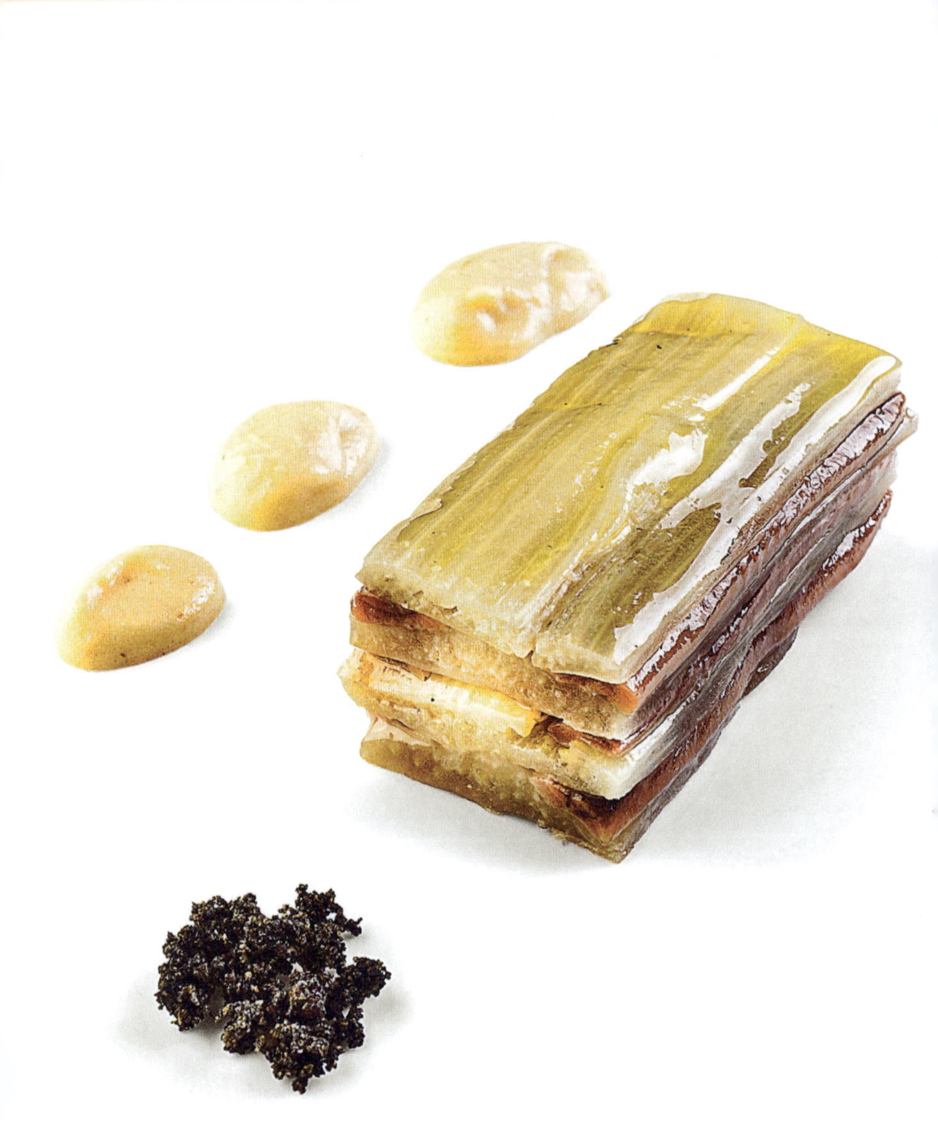

Cardi alla bagna cauda

Dosi per 4 persone

Ingredienti

- 500 g di cardi gobbi
- 4 teste d'aglio
- 200 ml di panna fresca
- 1 l di latte
- 10 acciughe sott'olio
- 1 g di acido ascorbico o il succo di 1 limone
- 80 g di burro
- 200 ml d'olio evo
- sale
- pepe

Preparazione

- Lavare i cardi, pelarli togliendo le parti fibrose esterne e immergerli in acqua e acido ascorbico, per evitare che anneriscano.

Al posto dell'acido ascorbico si può utilizzare del succo di limone, tenendo conto tuttavia che, mentre l'acido ascorbico è un antiossidante e non fa cambiare né colore né gusto al nostro alimento, il succo di limone inizia a far cuocere il prodotto e ne modifica leggermente il gusto.

- Scolare i cardi, immergerli in una pentola con circa 3 litri d'acqua fredda, ½ litro di latte, sale e pepe e cuocerli fino a che la costa non diventa morbida. Scolarli, metterli in una teglia e coprirli con un foglio di alluminio.
- Privare l'aglio della buccia, togliere l'anima e portarlo a ebollizione in 200 ml di acqua e 200 ml di latte per almeno 5 volte (il latte e l'acqua devono essere rinnovati a ogni passaggio). Questo procedimento serve per addolcire il gusto forte dell'aglio. L'ultima cottura farla solamente nel latte: l'aglio deve raggiungere una consistenza tale che gli spicchi si disfino tra le dita. Scolare e frullare fino a ottenere una purea e passare allo chinois.
- In un pentolino sciogliere le acciughe nell'olio. Aggiungere la purea di aglio e la panna, sistemare di sale e pepe e portare alla consistenza desiderata. Frullare aggiungendo man mano il burro in pezzetti.

Come servire / varianti

Possiamo servire il piatto in almeno 3 modi:
- *usando la salsa come intingolo per accompagnare i cardi cotti e porzionati, come nella ricetta proposta;*
- *dopo aver gratinato i cardi (in una pirofila imburrata disporre sul fondo i cardi tagliati in pezzi, irrorare con la salsa, spolverare con del parmigiano grattugiato e passare al grill del forno);*
- *infornando i cardi in una terrina con alcune acciughe, un po' di prezzemolo e la salsa di bagna cauda.*

La salsa di bagna cauda si presta bene anche per accompagnare i cardi gobbi crudi, croccanti e saporiti.

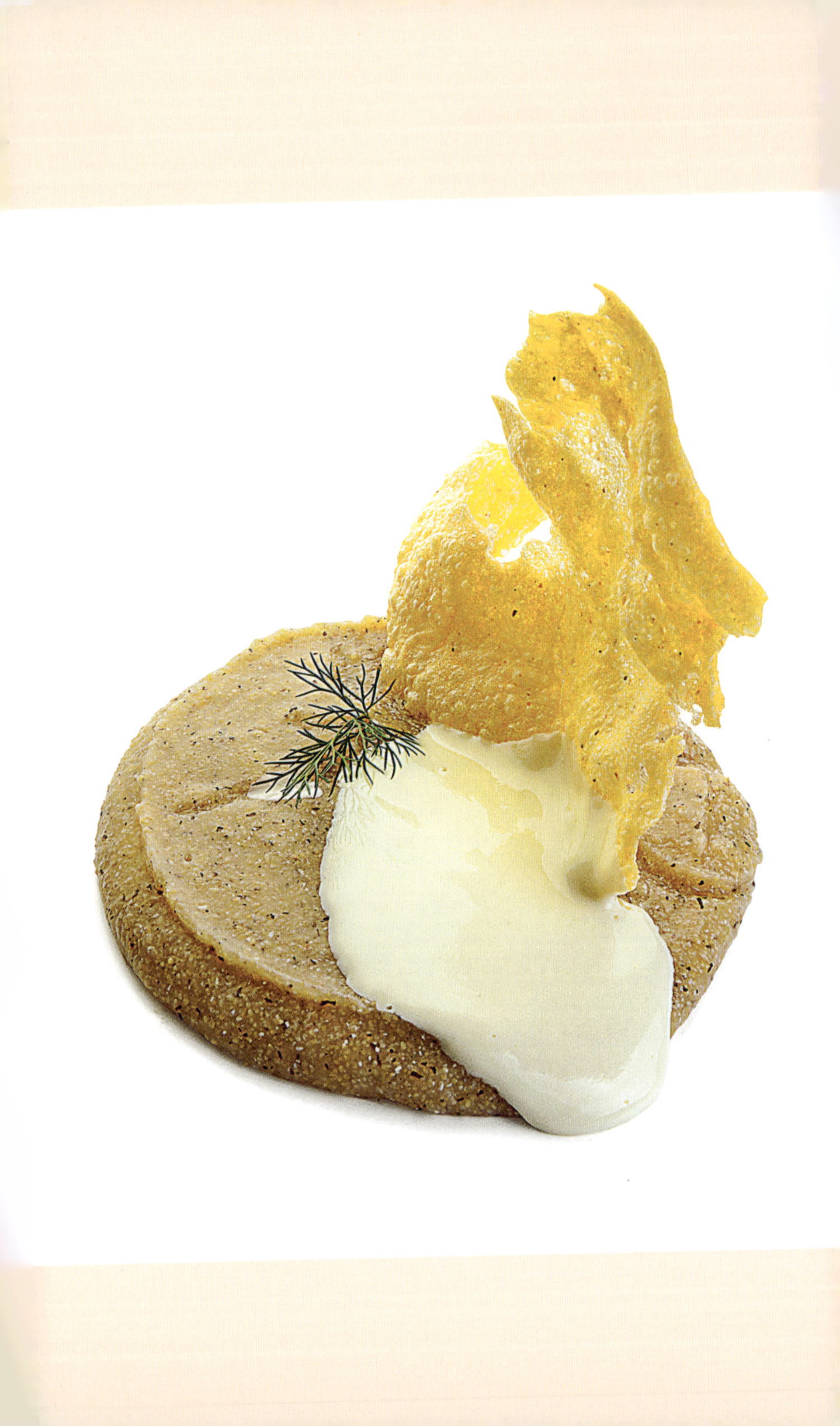

Polenta taragna

Dosi per 4 persone

Ingredienti

- 500 g di farina di polenta taragna
- 250 g di formaggio tipo Casera
- 100 g di burro
- 200 ml di latte
- salvia
- aglio
- olio
- sale grosso

Preparazione

> La polenta taragna non è altro che la miscela tra due farine, quella di grano saraceno e quella di mais: in proporzione 2/3 di farina di mais e 1/3 di farina di saraceno, ma è possibile modificare le percentuali in base al proprio gusto e al colore che si vuole ottenere.

- Portare a bollore 2 l d'acqua con il latte e la salvia e lasciar sobbollire per 10 minuti circa, in modo che il liquido assorba i profumi. Aggiungere un pizzico di sale grosso e un po' d'olio.
- Togliere la salvia e, continuando la cottura, versare a pioggia la farina di polenta, frustando energicamente per far sí che non si creino grumi.

- Una volta che il composto si sarà addensato, mescolare la polenta servendosi di un cucchiaio di legno fino a cottura ultimata.
- I tempi, a meno che non si utilizzino farine precotte, variano a seconda del risultato che si vuole raggiungere, da un minimo di 45 minuti (per essere sicuri della cottura delle farine) a un massimo di 1 ora e mezza per una consistenza molto solida.
- Togliere dal fuoco e aggiungere il burro e il formaggio tagliato in piccoli pezzi in modo che si possa fondere facilmente.

> Il formaggio non va aggiunto durante la cottura perché, se tenuto per lungo tempo ad alte temperature, rischia di sgranarsi rilasciando il grasso e formando dei grumi; invece, mettendolo alla fine, si otterrà una consistenza cremosa, morbida e liscia.

Come servire / varianti

Se la polenta è solida, può essere versata su un tagliere di legno e tagliata a fette; se invece è piú cremosa, servirla direttamente nel piatto.

È anche possibile abbinarla a sapori di mare, eliminando i formaggi e sostituendo parte dell'acqua con brodo di pesce, per poi servirla, frullata e morbida, con dei calamaretti saltati con aglio, olio e prezzemolo. Inoltre può essere proposta con formaggi diversi (per esempio il gorgonzola) o con buoni brasati o stufati.

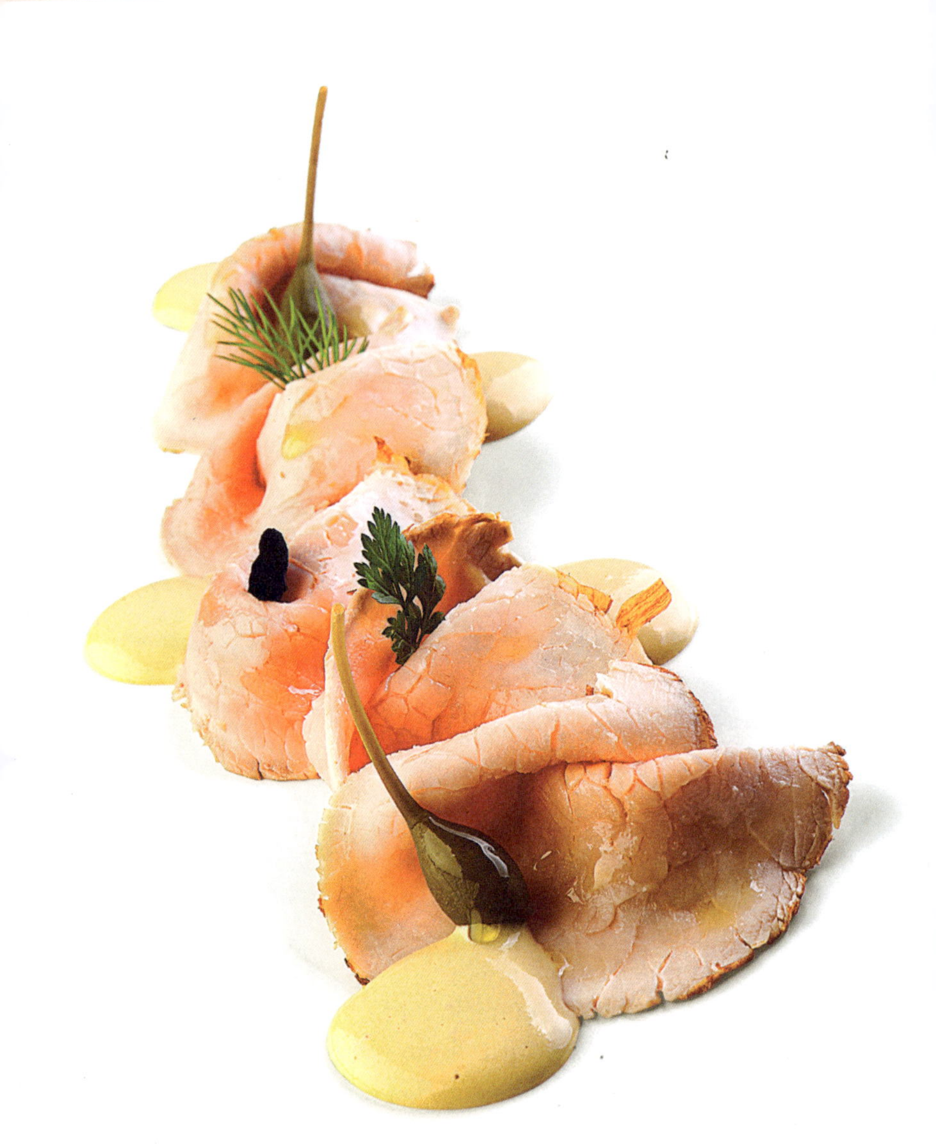

Vitello tonnato

Dosi per 4 persone

Ingredienti

- 1 girello da 1 kg
- 1 carota
- 1 cipolla
- 1 costa di sedano
- 200 ml di vino bianco
- 500 ml di brodo vegetale
- 1 mazzetto aromatico (timo, rosmarino, alloro, pepe in grani)
- 300 g di tonno sott'olio
- 50 g di capperi dissalati
- 6 acciughe sott'olio
- olio evo
- sale
- pepe

Per la salsa
- 3 cetriolini sott'aceto
- 3 tuorli di uova sode

Preparazione

- Legare il girello utilizzando lo spago da cucina, salare e pepare. In una casseruola non troppo ampia rosolare a fuoco vivo la carne con un filo d'olio. Una volta che ha acquistato colore trasferirla su un vassoio.
- Nella stessa casseruola rosolare le verdure, precedentemente lavate e tagliate in pezzi grossolani, con un po' d'olio e il mazzetto aromatico.

- Aggiungere la carne e sfumare con il vino. Far evaporare, quindi coprire e cuocere a fuoco moderato per circa 1 ora. Girare spesso il girello su sé stesso per ottenere una cottura omogenea e di tanto in tanto bagnare con il brodo vegetale per evitare che le verdure si brucino.

> Uso il coperchio per conservare all'interno della pentola il vapore, che mantiene la carne umida durante la cottura, e per non disperdere tutti i sapori e i profumi.

- Aggiungere i capperi, le acciughe e il tonno ben sgocciolato e cuocere per altri 10 minuti circa.
- Togliere il girello e lasciarlo raffreddare. Infine slegarlo e affettarlo finemente.

Per la salsa
- Unire i tuorli e i cetriolini al brodo di cottura freddo dopo aver tolto il mazzetto aromatico. Frullare e passare allo chinois. Se la salsa risulta troppo solida aggiungere un po' di brodo vegetale.

Come servire

Servire le fette di vitello cosparse di salsa tonnata.

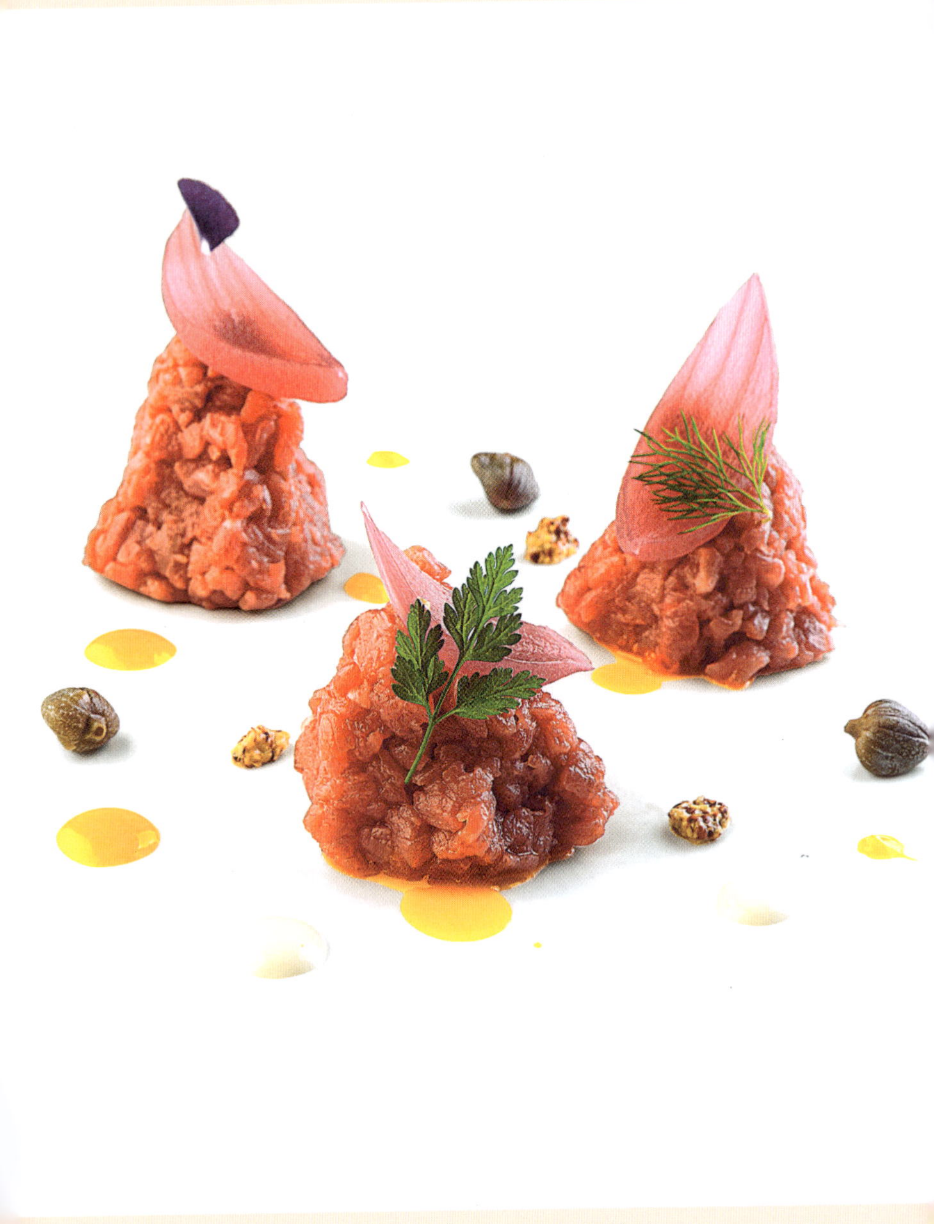

Carne cruda alla piemontese

Dosi per 4 persone

Ingredienti

- 500 g di scamone già pulito
- olio evo
- sale
- pepe

Preparazione

- Tagliare lo scamone a fettine sottili, quindi a filetti e in seguito a tartare, facendo attenzione a eliminare eventuali parti grasse o filamentose.
- Spostare la carne in un recipiente e condire prima con l'olio, mescolandola bene in modo da formare una sorta di pellicola, poi con il sale e il pepe macinato (se il sale entrasse direttamente in contatto con la carne ne provocherebbe un rapido inscurimento). Una volta raggiunto il sapore desiderato siete pronti per creare il vostro abbinamento sul piatto.

> Uno dei vantaggi della ricetta è che si può preparare in anticipo. In questo caso, una volta tagliata la carne la si dispone ben stesa su un vassoio, per favorirne l'ossigenazione, quindi la si ripone in frigorifero coperta e la si condisce prima di servirla.

Come servire / varianti

Consiglio di servire la tartare a temperatura ambiente; una temperatura troppo bassa impedisce di gustare tutto il suo sapore.

La tartare è ottima semplicemente con olio, sale e pepe, ma, a piacere, è possibile abbinarla a vari ingredienti, che ne esaltano il sapore creando dei contrasti.
Ecco alcuni esempi:
- pulire a vivo uno spicchio d'aglio togliendo l'anima e marinarlo intero insieme alla carne, quindi eliminarlo prima di servire lasciando solo il suo profumo ad aromatizzare;
- condire con la senape in grani;
- o con delle acciughe sott'olio tritate;
- o con dei capperi tritati;
- o con della cipolla rossa, tagliata finemente e lasciata marinare nell'aceto, poi scolata e condita con olio e limone;
- o con delle scaglie di parmigiano, ottenute con l'aiuto di un pelapatate;
- o con un tuorlo d'uovo, mescolato con un goccio di panna liquida e sale.

È UTILE SAPERE
I ferri del mestiere

Tutti noi abbiamo un po' di attrezzatura in cucina. Batterie di pentole che abbiamo comprato o ci hanno regalato, padelle che magari abbiamo ricevuto in eredità dalla nonna e a cui siamo particolarmente affezionati: le nostre padelle del cuore. Alcune le usiamo sempre perché le riteniamo indispensabili per la qualità di cottura che ci garantiscono. Oppure solo per abitudine. E lo stesso vale per i coltelli. Tuttavia, qualora aveste deciso di rinnovare la strumentazione, senza esagerare, ecco alcuni consigli.

La buona riuscita di ogni ricetta, anche la piú semplice, oltre che dagli ingredienti dipende dagli utensili. Maggiore sarà la cura che metteremo nel sceglierli, migliore sarà il risultato.

Di grande importanza sono le pentole e le padelle, perché ci aiutano nella delicatissima fase della cottura dei cibi.

In nessuna cucina italiana manca la pentola alta dai doppi manici, ideale per la pasta, i sughi, i brodi, le cotture lunghe, le basi per le creme. Io prediligo quelle in acciaio inox. Rispetto all'alluminio, le pentole inox impiegano il doppio del tempo per arrivare a temperatura ma, una volta raggiunta, la mantengono in modo uniforme sull'intera superficie, soprattutto se sono a fondo doppio o triplo. Il principale vantaggio dell'acciaio è di essere un materiale praticamente indistruttibile; inoltre non si corrode, una caratteristica fondamentale quando dobbiamo far raffreddare lentamente un alimento, perché possiamo lasciarlo al suo interno senza rischi di ossidazione o di rilascio di particelle dannose per la salute.

Per brasare, stufare e lessare suggerisco invece una casseruola dai bordi medio-alti e con coperchio. Anche in questo caso il materiale migliore è l'acciaio.

Passando alle padelle, io consiglio il sauté in alluminio antiaderente, ottimo per saltare la pasta, per mantecare i risotti e per qualsiasi cottura veloce e a basso contenuto di grassi (carni bianche e pesce...) La sua forma è un compromesso tra la pentola e la padella; è maneggevole e ha un solo manico. L'alluminio, a differenza dell'acciaio, garantisce che il cibo non continui a cuocere una volta spenta la fiamma (che non deve mai essere troppo alta), perché la sua temperatura diminuisce rapidamente. Attenzione, però, con questo materiale è piú facile... «bruciare tutto».

Di grande utilità è poi la padella per frittate, dal bordo basso e svasato, che permette di girare le pietanze con comodità. Poiché il fondo di questa padella deve scaldarsi rapidamente e in modo uniforme, i materiali migliori sono alluminio e rame. L'acciaio può essere utilizzato solo se ha un fondo a strati diversi in alluminio o rame, perché altrimenti la cottura troppo lenta lo rende inadatto.

Infine per piccole preparazioni, o per mantenere in caldo le salse, uso pentolini e casseruole in acciaio.

Ci sono poi due utensili che amo molto, ma giacché non sono versatili come i precedenti e si usano per piatti specifici, prima di procedere all'investimento valutate quanto li userete.

Il primo è il tegame in terracotta – la classica pignatta rossiccia con rivestimento di smalto trasparente, molto bella anche da portare in tavola – che, come ci insegna la tradizione, è ineguagliabile per la cottura uniforme e prolungata dei legumi, che invece a contatto, per esempio, con l'acciaio possono rimanere con la pellicina dura. Purtroppo si tratta di un oggetto abbastanza costoso ed estremamente fragile.

Il secondo è la padella di rame, eccellente per polenta e per tutte le cotture a fuoco molto lento come arrosti, brasati e creme per la pasticceria. Il rame è molto resistente e un ottimo conduttore di calore (non va quindi mai utilizzato a fiamma viva), tuttavia, anche in questo caso, a una buona qualità corrisponde spesso un prezzo elevato.

Ora due parole sui coltelli.

Negli ultimi anni, accanto all'acciaio, si sta diffondendo l'uso della ceramica. Quest'ultimo è un materiale molto affidabile, che consente di tagliare le verdure evitandone l'ossidazione; inoltre mantiene l'affilatura piú a lungo. Il suo punto debole è la fragilità: una semplice caduta può provocarne la rottura.

Come tipologia, il coltello piú versatile è lo spelucchino, molto piccolo e maneggevole, che si usa per tagliare frutta e verdura con velocità e precisione e per inciderla o lavorarla allo scopo di realizzare decorazioni.

Il trinciante serve sia a sminuzzare le verdure sia tutte le volte in cui si usa il tagliere. Ha una lama sottile, di lunghezza variabile (io consiglio quella da circa 20 cm, assai maneggevole) e l'impugnatura leggermente piú stretta in prossimità della lama, caratteristica che permette di affettare tenendo la punta sul tagliere e facendo oscillare il coltello con un movimento continuo. Non utilizzatene mai uno solo, ma distinguete quello per i cibi crudi da quello per le pietanze cotte.

A chi prepara spesso il pesce raccomando il coltello a lama flessibile in acciaio, utile a sfilettare e porzionare.

Infine deve far parte della vostra dotazione un coltello a lama seghettata per tagliare con precisione senza applicare forza eccessiva, cosa che rischia di schiacciare l'alimento. Si usa per il pane, i pomodori, l'ananas e la frutta a buccia dura.

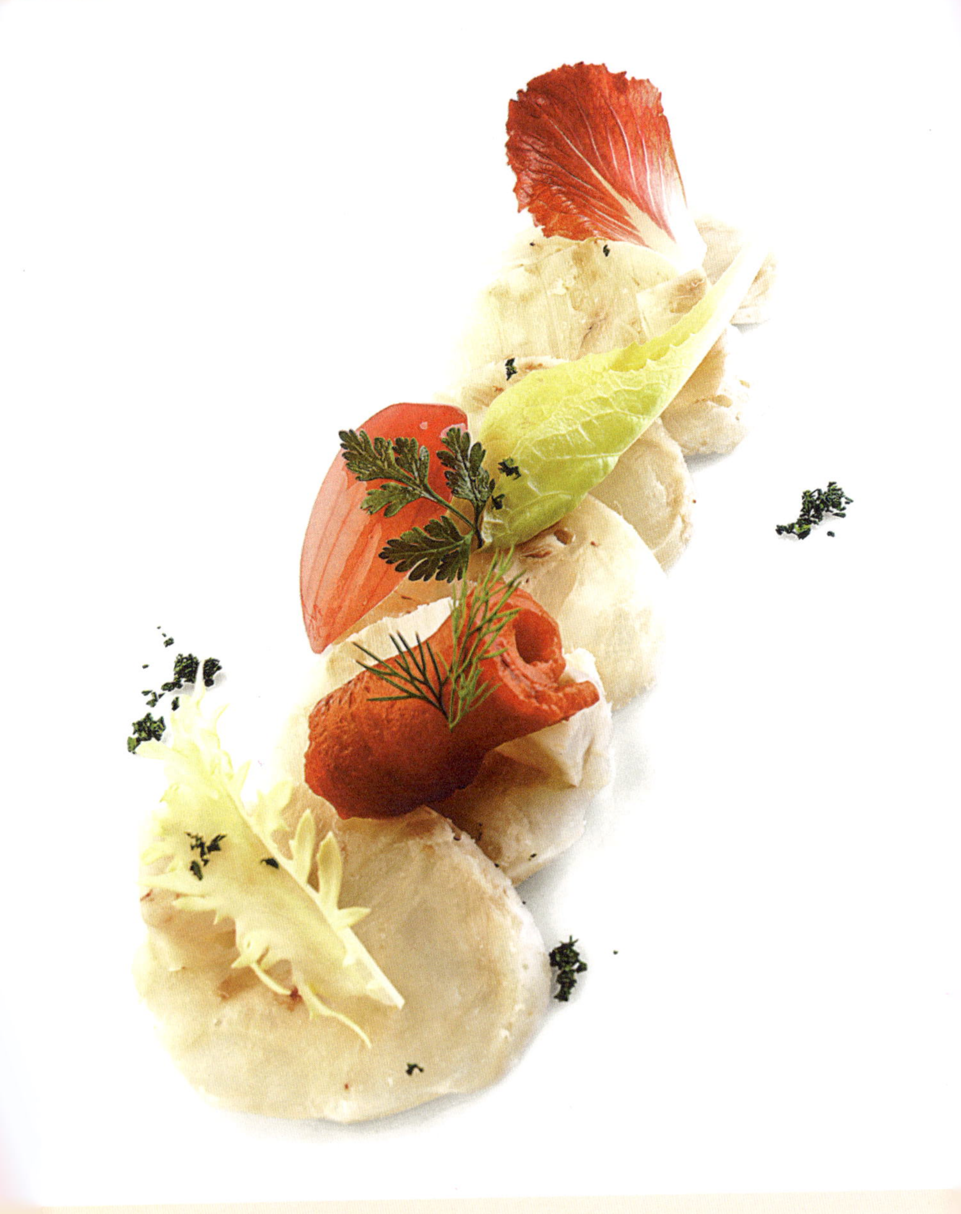

Insalata di nervetti

Dosi per 4 persone

Ingredienti

- 2,5 kg di piedini di vitello
- 1 cipolla rossa
- 1 costa di sedano
- 2 carote
- 1 mazzetto aromatico (timo, rosmarino, alloro)
- 2 cipollotti
- 1 ciuffo di prezzemolo
- olio evo
- sale
- pepe

Preparazione

- Bruciare i peli dei piedini direttamente sulla fiamma del gas o aiutandosi con un cannello.
- Lavare e in seguito sbianchire la carne in una pentola capiente coprendola con l'acqua. Raggiunto il bollore, scolare, cambiare l'acqua e rimettere in cottura partendo nuovamente da freddo, aggiungendo la cipolla, il sedano, le carote, il mazzetto aromatico (cambiare l'acqua serve a eliminare tutte le eventuali impurità residue sulla carne).
- Cuocere per 5 ore circa, o comunque fino a che la polpa non si stacca bene dalle ossa.

- Far intiepidire leggermente, scolare e procedere a spolpare i piedini tenendo sia la carne sia la pelle e i tendini, prestando però attenzione a non lasciare nessun pezzo di osso.

> Evitare di raffreddare troppo i piedini, altrimenti diventa difficile spolparli e si rischia di ottenere un risultato poco compatto.

- Battere la carne aiutandosi con un coltello e, dopo averla spostata in un contenitore, condire con i cipollotti tritati, il prezzemolo e l'olio evo.

Come servire / varianti

Servire il piatto tiepido sistemando di sale e pepe.

Una variante consiste nell'arricchire la ricetta aggiungendo le falde di 1 peperone grigliato tagliato a listarelle, alcune foglie di insalata riccia, 1 cipolla rossa messa a marinare nell'aceto; oppure con dei fagioli cotti.

Un'alternativa è anche quella di mettere il contenitore con il composto in frigorifero e di far gelificare per una notte. Il giorno successivo sformare e tagliare a piacere, servendo poi, eventualmente, con gli stessi abbinamenti proposti sopra.

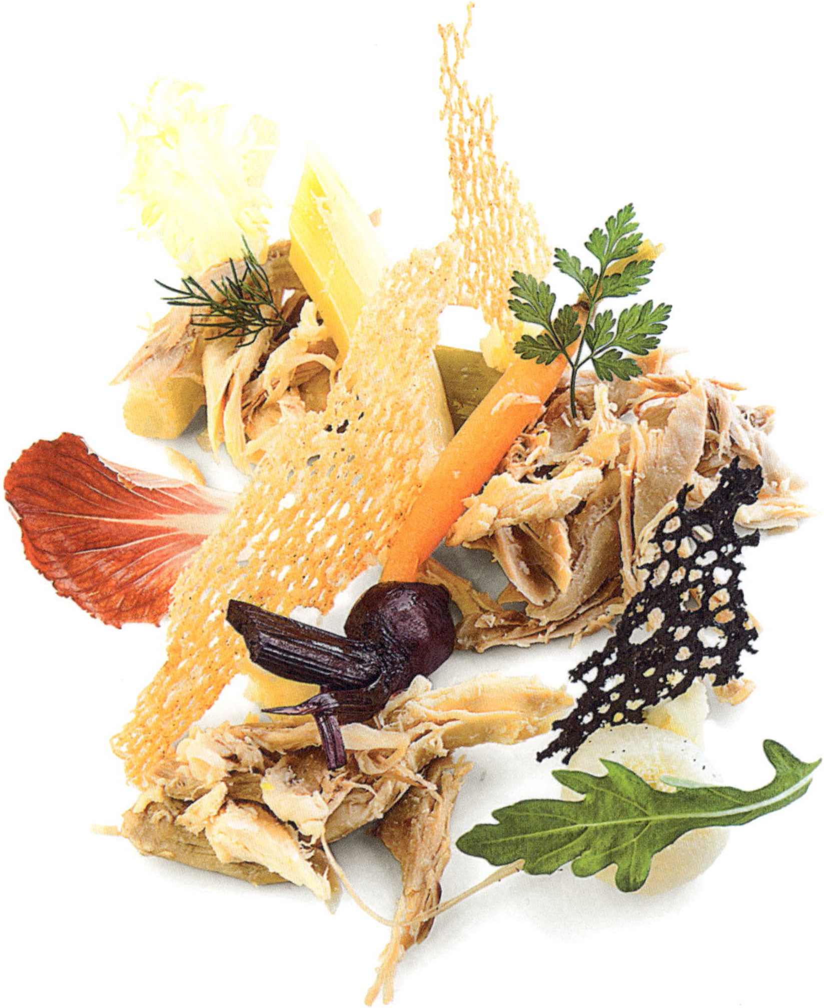

Insalata di cappone

Dosi per 4 persone

Ingredienti

- 1 cappone
- 1 carota
- 1 costa di sedano
- 1 cipolla bianca
- 1 mazzetto aromatico (alloro, timo, rosmarino)
- olio evo
- sale
- pepe in grani

Per la salsa
- 50 ml di succo di limone
- 200 ml di olio evo
- 50 g di parmigiano grattugiato

Per l'insalatina
- 4 carote
- 1 porro
- 4 cipollotti
- 2 patate
- aceto
- 1 testa di insalata riccia
- 4 fette di pane

Preparazione

- Privare il cappone delle interiora e togliere la testa. Bruciare le eventuali parti di piume ancora presenti sulla pelle aiutandosi con un cannello o direttamente sulla fiamma del gas.

- Lavarlo e metterlo in una pentola capiente; coprire con acqua fredda e portare a bollore. Schiumare le impurità che si formano in superficie e aggiungere le verdure mondate e tagliate a pezzetti, il pepe in grani, un pizzico di sale e il mazzetto aromatico. Portare a cottura facendo sobbollire per 1 ora e mezza circa.
- Scolare il cappone (possiamo usare il brodo di cottura per preparare un buon risotto o una pasta in brodo) e farlo raffreddare coperto con l'alluminio per evitare che si secchi.
- Privarlo della pelle e spolparlo. Tagliare a listarelle tutta la carne e, dopo averla trasferita in un contenitore, condirla con una salsa preparata frullando il succo di limone, l'olio evo, un pizzico di sale e il parmigiano.

Per l'insalatina
- Tagliare le fette di pane a dadini e renderle croccanti saltandole in padella con un filo d'olio e un pizzico di sale.
- Lavare e mondare le verdure. Sbianchire le carote, il porro e i cipollotti in abbondante acqua salata e raffreddarli in acqua e ghiaccio. Scolare e asciugare.
- Cuocere le patate in acqua salata e aceto, scolare e asciugare. Condire poi tutte le verdure con olio e sale.

Come servire

Servire il cappone in un piatto piano accompagnato dall'insalatina. Eventualmente arricchirlo con pinoli tostati, mandorle a filetti oppure semi di melograno. Le verdure potranno variare in base alla stagione.

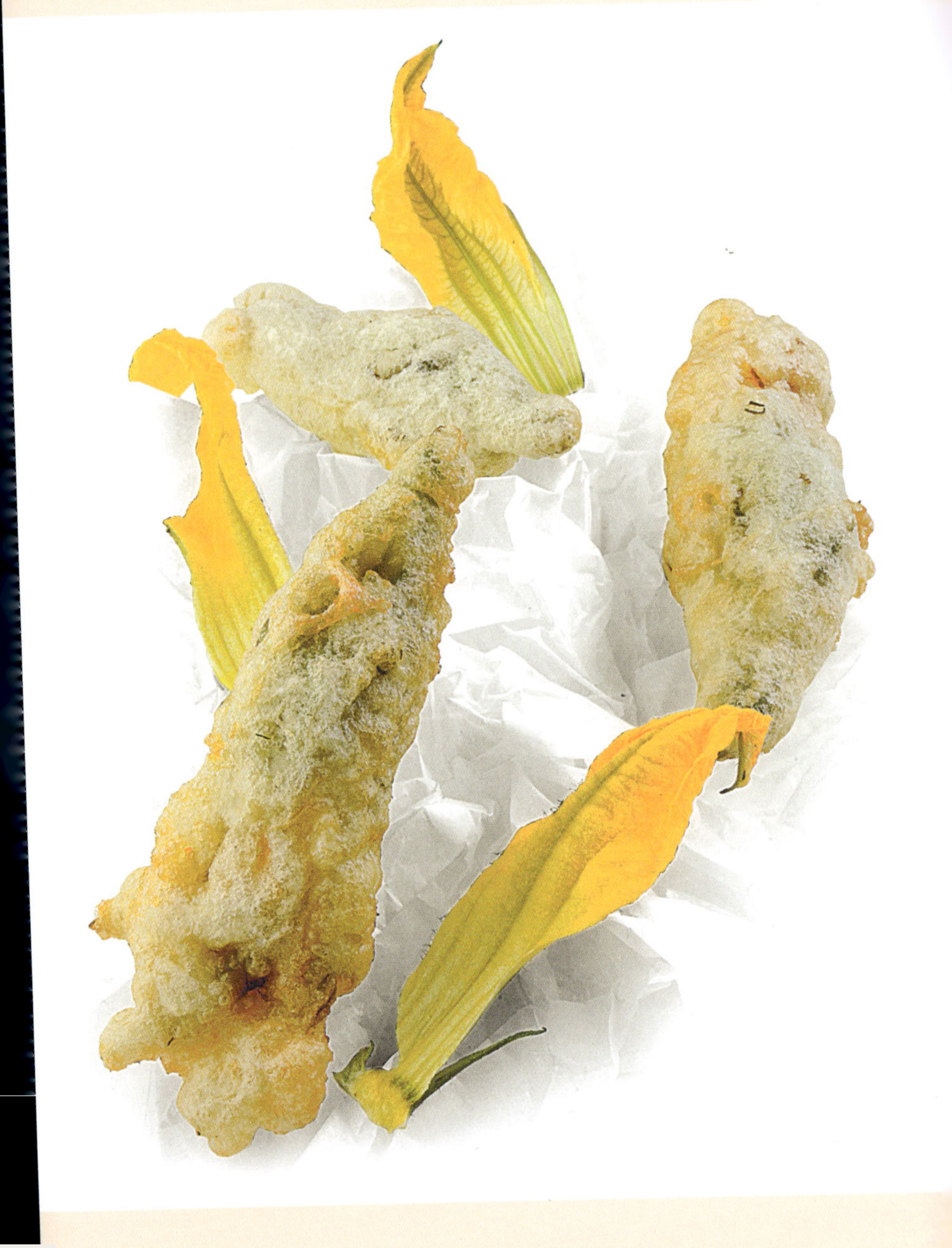

Fiori di zucca ripieni

Dosi per 4 persone

Ingredienti

- 8 fiori di zucca
- 250 g di ricotta di bufala campana
- 4 falde di pomodoro secco
- 100 g di olive taggiasche denocciolate
- 400 g di farina per tempura
- 640 ml di acqua frizzante fredda
- 1,5 l di olio di semi di girasole
- 1 ciuffo di basilico
- 10 cubetti di ghiaccio
- olio evo
- sale
- pepe

Preparazione

- Togliere il pistillo all'interno dei fiori aiutandosi con una pinza.
- Se i fiori dovessero presentare dei residui terrosi passarli velocemente a uno a uno sotto un filo d'acqua corrente aiutandosi con un pennello, per poi posarli ad asciugare su carta assorbente. È preferibile non immergere i fiori in acqua per non danneggiarli.
- Preparare il ripieno lavorando in un contenitore la ricotta con il pomodoro secco tagliato a pezzetti, le olive scolate e tagliate, l'olio evo, il basilico tagliato a julienne, un po' di sale e pepe.

- Metterlo in un sac à poche e farcire i fiori di zucca facendo attenzione a non riempirli troppo: va lasciato lo spazio per richiuderli arricciandone la parte superiore. Appoggiarli su un vassoio e conservarli in frigorifero coperti.
- In un altro contenitore preparare la pastella amalgamando la farina con l'acqua frizzante fredda facendo attenzione a non creare grumi. Conservarla in frigorifero coperta.

> L'acqua va aggiunta gradualmente, soprattutto se si vuole una consistenza piú dura e un'impanatura dell'alimento piú spessa.

- In una casseruola portare l'olio di semi alla temperatura di 170° C.
- Unire i cubetti di ghiaccio alla pastella: gran parte della buona riuscita sarà data dallo shock termico tra la pastella fredda e l'olio di frittura caldo.
- Cuocere i fiori nella casseruola con l'olio evo, dopo averli intinti uno alla volta nella pastella, facendo attenzione ad appoggiarli partendo dalla parte superiore del fiore, in modo che ci sia minore probabilità che il ripieno fuoriesca.
- Quando sono ben dorati toglierli dal fuoco, poggiarli su carta assorbente e servire.

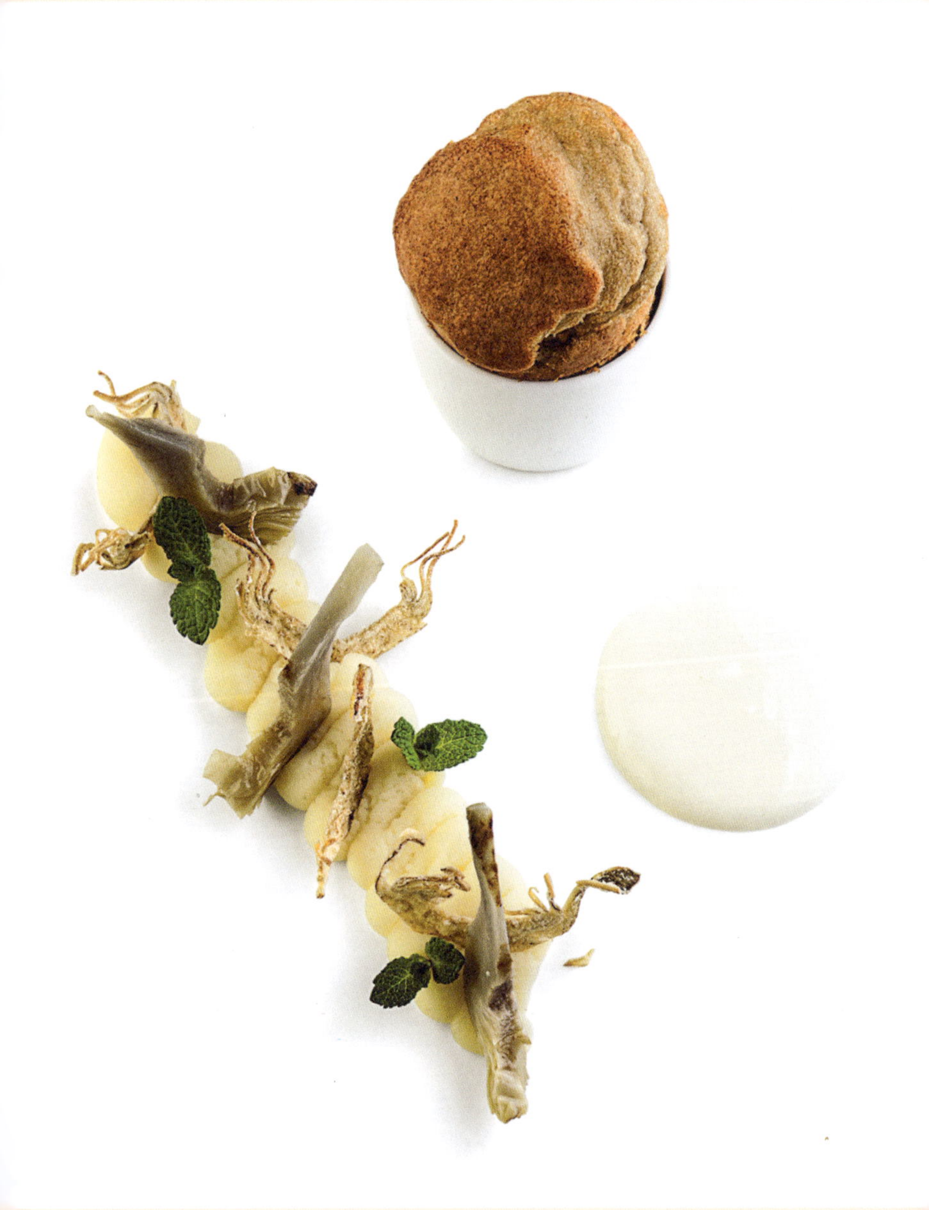

Sformatino di carciofi

Dosi per 4 persone

Ingredienti

Per la purea di carciofi
- 10 carciofi
- 20 ml di olio evo
- 1 scalogno
- 1 g di acido ascorbico (oppure il succo di 1 limone)
- 100 ml di vino bianco
- 500 ml di brodo vegetale
- 1 ciuffo di menta
- sale
- pepe

Per lo sformatino
- 3 uova
- 180 g di farina
- 50 ml di latte
- 150 g di ricotta
- 50 ml di olio evo
- 200 g di purea di carciofi
- 16 g di lievito in polvere
- sale
- pepe

Preparazione

Per la purea di carciofi
- Pulire i carciofi: tagliare i gambi, le foglie piú esterne e le spine. Dividerli in due, rimuovere la barba interna

e metterli a bagno in 1 l d'acqua con l'acido ascorbico (o il succo di limone).

> Io amo usare tutto di un alimento. Dei carciofi, per esempio, non butto mai il gambo, ma lo pulisco, togliendo la spessa parte filamentosa esterna con l'aiuto di un coltellino, e lo unisco agli altri ingredienti.

- A parte dorare con l'olio lo scalogno tritato, quindi aggiungere i carciofi tagliati in piccoli spicchi insieme ai gambi. Sfumare con il vino bianco e portare a cottura aggiungendo il brodo e la menta. Scolare e frullare i carciofi versando, se necessario, un po' del loro liquido di cottura. Sistemare di sale e pepe e passare allo chinois.

Per lo sformatino
- In planetaria con il gancio a foglia o a mano in una ciotola capiente con l'aiuto di una frusta, amalgamare la farina con il lievito in polvere. Incorporare poi le uova e il latte.
- Aggiungere la ricotta, precedentemente lavorata con l'olio fino a formare un impasto omogeneo, e la purea di carciofi. Sistemare di sale e pepe.
- Mettere il composto in un sac à poche e riempire per 2/3 gli stampini monoporzione precedentemente imburrati e infarinati. Mettere gli stampini in forno preriscaldato a 170° C per 40 minuti circa. Le tempistiche di cottura variano in base alla dimensione degli stampi utilizzati e al tipo di forno. Lo sformatino sarà pronto quando avrà un bel colore dorato. In caso di dubbi, controllare con uno stuzzicadenti: dopo aver forato lo sformatinodeve uscire asciutto al tatto.

Come servire

Servire lo sformatino in un piatto piano. Volendo si possono saltare in padella con un filo d'olio e un altro po' di menta alcuni carciofi, che verranno poi posizionati accanto allo sformatino con qualche scaglia di parmigiano.

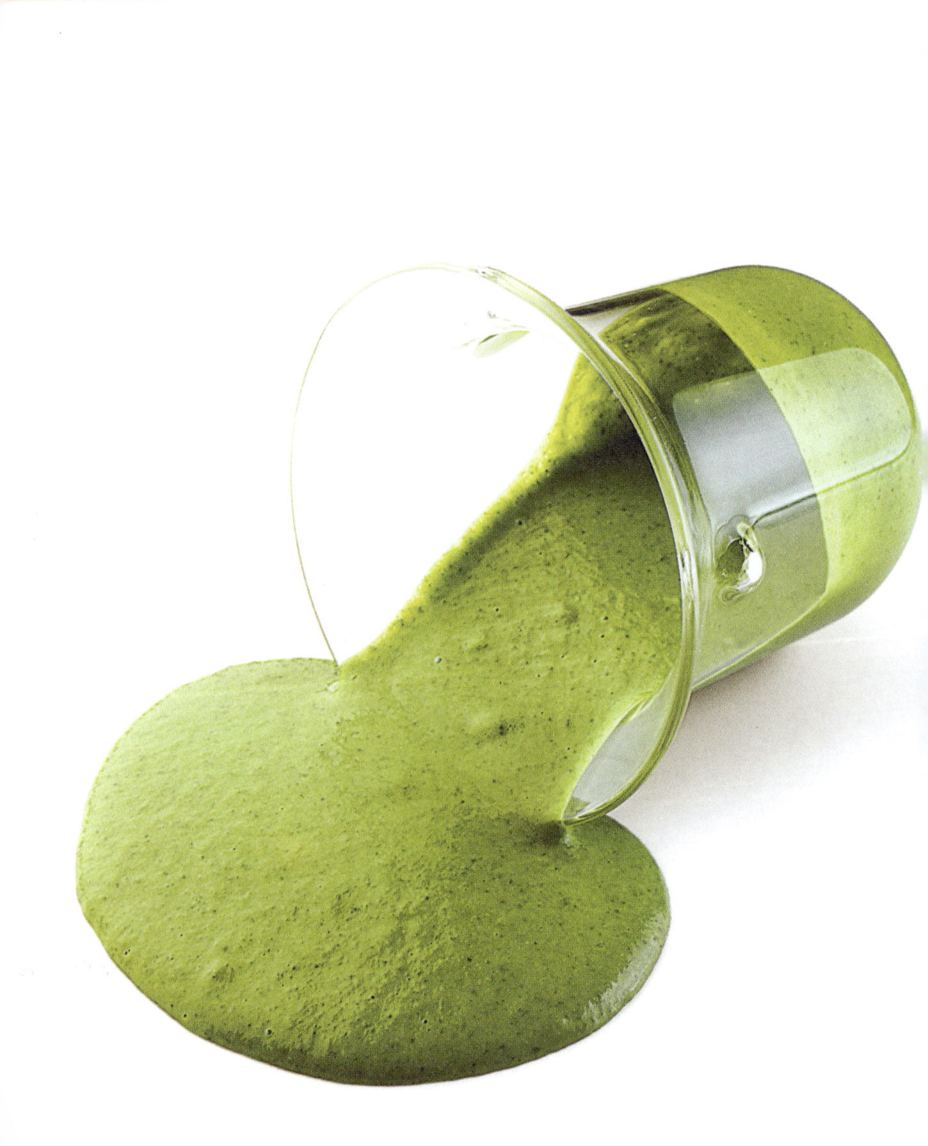

Bagnetto verde

Dosi per 4 persone

Ingredienti

- 150 g di prezzemolo
- 6 acciughe dissalate
- 150 g di mollica di pane bianco
- aceto bianco
- 1 spicchio d'aglio
- 250 ml di olio evo
- sale
- pepe

Preparazione

- Lavare il prezzemolo, prendere le foglie e asciugarle. Pulire le acciughe e togliere l'anima all'aglio. A parte ammollare la mollica di pane nell'aceto bianco e, una volta strizzata, unirla agli altri ingredienti. Frullare con l'olio sistemando di sale e pepe.

Se si vuole ottenere una salsa di colore piú verde e duraturo, sbianchire il prezzemolo in acqua salata e raffreddarlo in acqua e ghiaccio. Strizzarlo bene prima di frullare.

Come servire

Questa è una salsa tradizionale piemontese e viene solitamente accostata a bolliti di carne e interiora.
Si abbina bene anche con il fritto di pesce, con l'arrosto di carne, con il pesce al vapore o cotto al forno sotto sale, oppure con delle verdure da spizzicare a tavola durante il pasto o l'aperitivo.

Le storie di Antonino
Lo stupore di un bambino

La memoria funziona in modo strano. In teoria i ricordi piú nitidi li abbiamo degli avvenimenti recenti, eppure le sensazioni che ci rimangono addosso per sempre le sperimentiamo da bambini. O almeno, per me è stato cosí.

Sono nato in una famiglia dove cibo e cucina erano il perno intorno al quale girava l'intera giornata. Mio padre era cuoco di professione, bravissimo e appassionato, e mia madre, che si occupava di gestire la casa dalla A alla Z, come molte donne allora, dedicava alla preparazione del cibo una parte consistente del suo tempo. Insomma, sono cresciuto tra i fornelli. Se devo dire, però, qual è stato il momento in cui ho capito che la cucina sarebbe stata la mia vita, mi viene in mente un episodio preciso.

Ero molto piccolo, non andavo ancora a scuola, e per una ragione che ora mi sfugge papà mi aveva dovuto portare con sé al lavoro; in quel periodo era chef di un grande ristorante a Caserta. Io lo avevo seguito felice, perché avevo poche occasioni di stare con lui, ma non è che mi aspettassi nulla di particolare, invece… Quando spalancò la porta della cucina rimasi senza parole: era immensa – a quell'età tutto ci sembra immenso, lo so, ma davvero, era grandissima – ed enormi mi apparivano le persone che la affollavano, anche se si muovevano con la leggerezza che ci si aspetterebbe da un ballerino. Dai fuochi saliva un vapore profumato, che entrava in bocca e nel naso. In fondo a sinistra (sí, a sinistra, ne sono certo), c'era la scrivania di mio padre. Era la scena piú bella che avessi mai visto, il luogo piú bello in cui fossi entrato. Stupefacente.

Ecco, quell'episodio ha deciso la mia esistenza.

Ognuno di noi, credo, ha un ricordo simile legato alla propria infanzia; non intendo legato al cibo, intendo qualcosa che ci ha colpito cosí nel profondo da contribuire a trasformarci nella persona che siamo diventati. È un ricordo che risveglia i nostri sentimenti migliori. Un ricordo del cuore.

Quando prepariamo da mangiare, se vogliamo che il risultato sia speciale, pensiamo a quel momento, cerchiamo di riviverlo: ci darà felicità, e darà felicità ai nostri piatti.

Primi

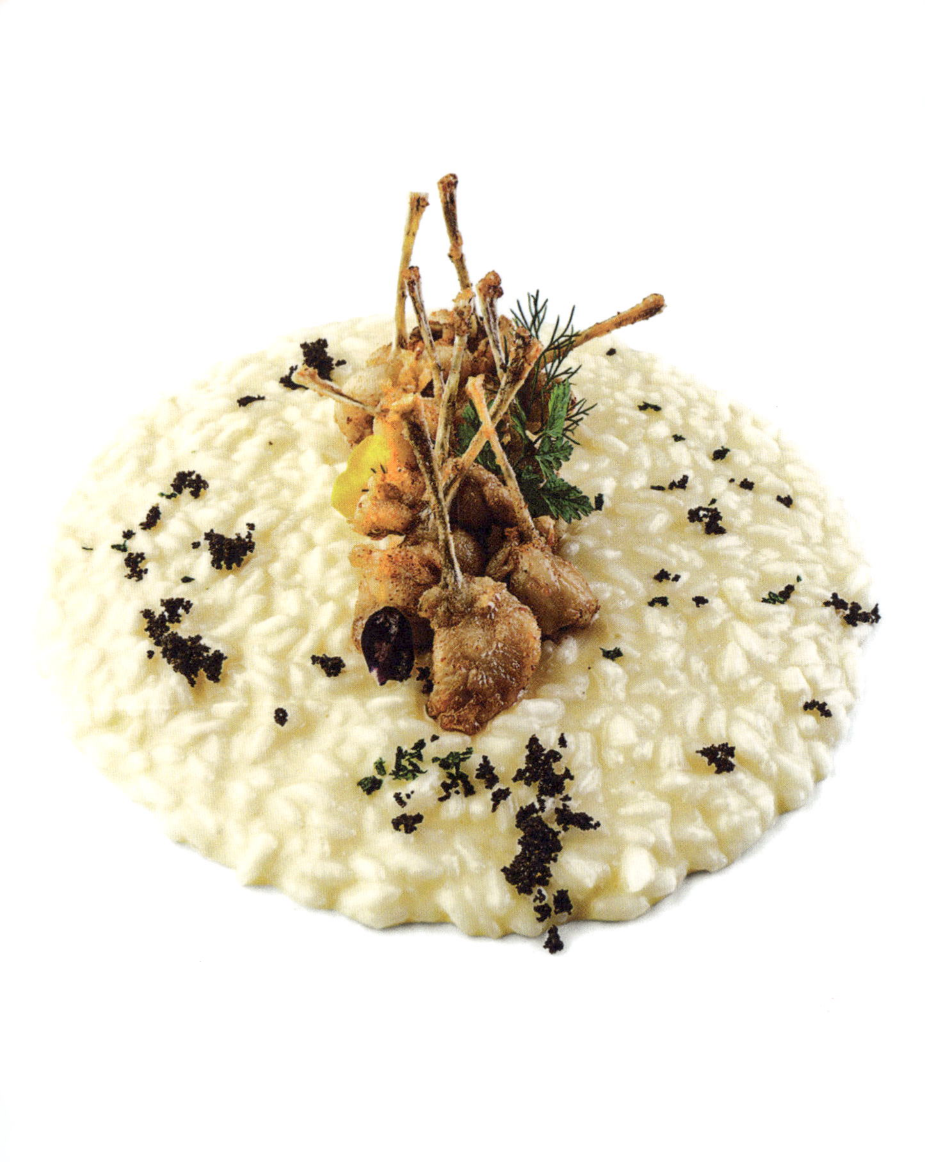

Risotto con le rane

Dosi per 4 persone

Ingredienti

- 320 g di riso Carnaroli
- 16 rane
- 1,5 l di brodo di pollo
- 1 ciuffo di prezzemolo
- 200 ml di vino bianco
- parmigiano grattugiato fresco
- farina
- burro
- olio evo
- olio all'aglio (1 testa d'aglio per 100 ml di olio evo; frullare)
- sale
- pepe

Preparazione

- In una casseruola tostare il riso con olio e sale (la tostatura è molto importante perché fa sí che il chicco rimanga piú compatto). Sfumare con il vino bianco e versare poco per volta il brodo di pollo caldo. Mescolare e sistemare di sale e pepe. Dopo 13-15 minuti circa, togliere dal fuoco e mantecare con burro, parmigiano, olio, pepe, olio all'aglio e, eventualmente, sale.
- Con l'aiuto di un paio di forbici pulire le coscette di rana separandole dal corpo e privandole dell'osso della coscia, in modo che la carne resti attaccata solo all'ossicino inferiore. Salare e passare nella farina.

- Scaldare una padella con un po' di burro, mettere la carne e portare a cottura. Gradualmente aggiungere altro burro per evitare che quello già presente aumenti troppo di temperatura e possa quindi bruciare.

> Nonostante ci sia maggiore possibilità che bruci, io uso il burro perché mantiene piú morbida la carne della rana e perché, pur creando ugualmente la crosticina esterna, non rende necessario dover raggiungere temperature elevate.

- Verso fine cottura aggiungere un pizzico di sale, pepe, olio all'aglio e il prezzemolo tritato.
- Se si desidera preparare le coscette con un po' di anticipo, conservarle poi su una placchetta coperte con l'alluminio e tenerle in forno a 50° C.

> Per avere un risultato migliore consiglio comunque di cuocerle contemporaneamente al risotto, evitando cosí che si secchino.
> Il sale va messo prima, durante e dopo la cottura in quanto la sapidità delle rane viene diluita dal burro.

Come servire

Assemblare il piatto mettendo alla base il nostro risotto mantecato, poggiare sopra le rane e finire con una piccola quantità del loro liquido di cottura.

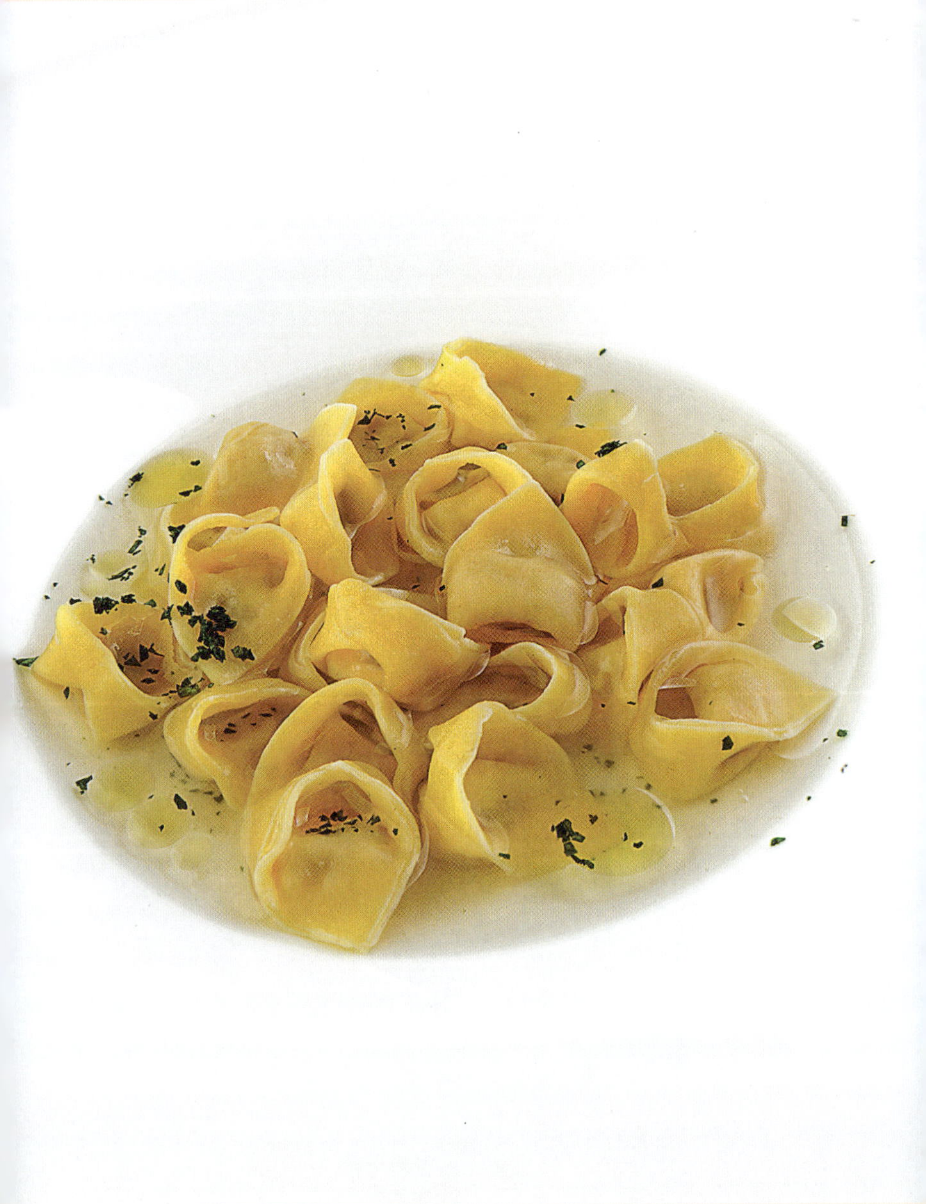

Cappelletti in brodo di gallina

Dosi per 4 persone

Ingredienti

Per il brodo
- 1 gallina
- 1 costa di sedano
- 1 carota
- 1 cipolla
- pepe in grani
- sale
- 1 mazzetto aromatico (timo, rosmarino, alloro)

Per il ripieno
- 2 uova
- 200 g di prosciutto crudo
- 150 g di parmigiano grattugiato
- 1 ciuffo di prezzemolo
- olio all'aglio (1 testa d'aglio per 100 ml di olio evo; frullare)
- polvere di noce moscata
- olio evo
- sale
- pepe

Per la pasta fresca
- 400 g di farina 00
- 100 g di semola
- 13 tuorli
- 1 uovo
- 1 cucchiaio di olio evo

Preparazione

Per il brodo
- Privare la gallina delle interiora e togliere la testa. Bruciare le eventuali parti di piume ancora presenti sulla pelle dell'animale direttamente sulla fiamma del gas o aiutandosi con un cannello.
- Lavare e mettere in una pentola capiente; coprire con acqua fredda e portare a bollore. Schiumare le impurità che si formano in superficie e aggiungere le verdure, il pepe in grani, un pizzico di sale e il mazzetto aromatico. Far sobbollire per circa 1 ora.
- Scolare la gallina e le verdure. Filtrare il brodo con un colino a maglia fine e conservarlo in una pentola sistemando di sale e pepe.

Per il ripieno
- Togliere la pelle e spolpare la gallina. Unire la carne alle verdure recuperate dal brodo, al prosciutto e al prezzemolo e passare due volte al tritacarne. In una ciotola amalgamare al composto le uova, il parmigiano, la polvere di noce moscata, il pepe macinato, l'olio, l'olio all'aglio e sistemare di sale (se la farcitura risulta troppo dura possiamo ammorbidirla aggiungendo del brodo). Mettere in un sac à poche.

Per la pasta fresca
- In una planetaria (o in alternativa a mano) impastare la farina, la semola, l'olio, l'uovo e i tuorli. Se l'impasto è troppo duro aggiungere un po' d'acqua finché non risulta omogeneo. Formare una palla, avvolgerla nella pellicola e farla riposare per almeno 1 ora.

CAPPELLETTI IN BRODO DI GALLINA

> La pellicola evita che l'impasto si secchi all'aria.

- Su una spianatoia stendere una sfoglia sottile e, aiutandosi con una rotellina o un coltello, tagliare dei quadrati di 4 cm per lato. Con il sac à poche posizionare il ripieno al centro di ognuno di questi, ripiegarli a triangolo, quindi prendere le estremità e saldarle tra loro con la pressione delle dita.
- Se la pasta risulta leggermente asciutta vaporizzare la sfoglia con l'acqua per facilitarne la chiusura.

> La ricetta che vi propongo contiene molti piú tuorli di quella classica. Questo fa sí che la pasta assuma un colore giallo e rimanga piú consistente dopo la cottura.

- Cuocere i cappelletti direttamente nel brodo di gallina in ebollizione.

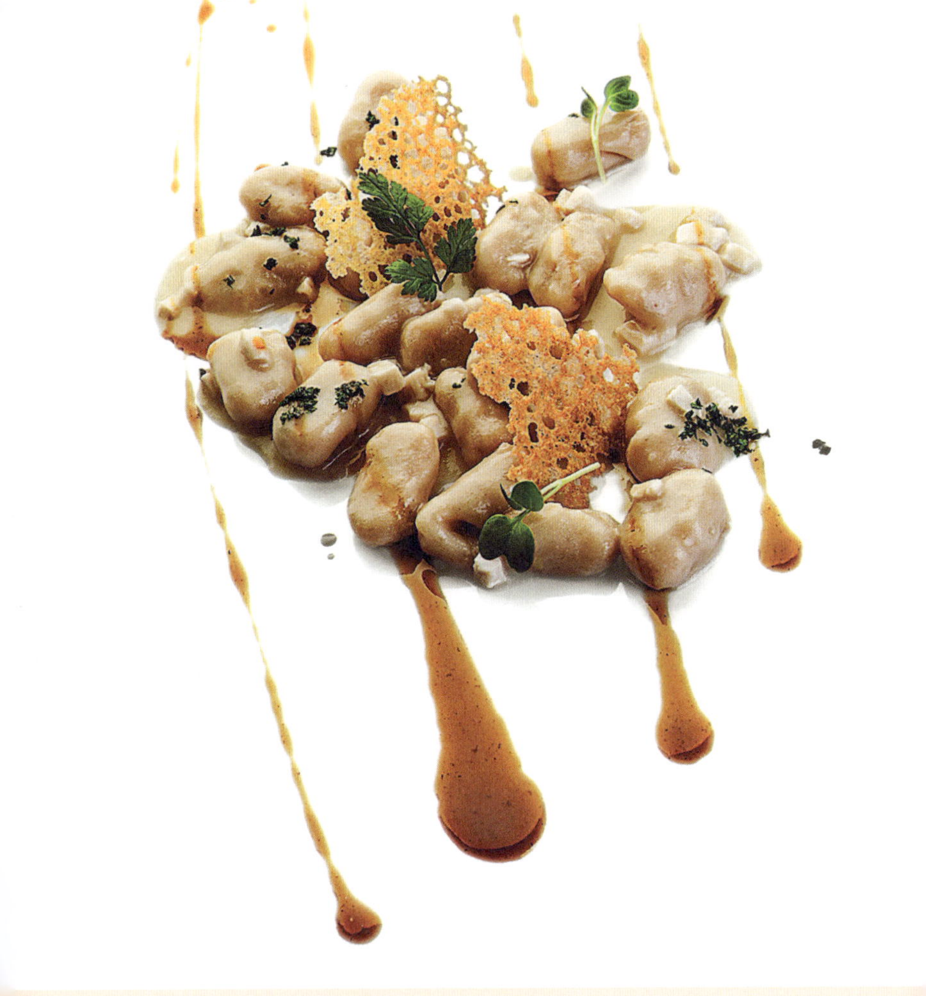

Gnocchi di castagne

Dosi per 4 persone

Ingredienti

- 300 g di farina di castagne
- 300 g di farina 00
- 300 ml di latte
- parmigiano grattugiato
- olio evo
- sale

Per la salsa
- 1 ciuffo di salvia
- 100 g di burro
- ½ l di brodo vegetale

Preparazione

Per gli gnocchi
- Su una spianatoia mettere a fontana le due farine precedentemente miscelate. Al centro aggiungere il sale e iniziare a impastare versando poco per volta il latte. Se l'impasto finale risulta duro, bagnarlo con un po' d'acqua. Formare una palla, coprirla con la pellicola e farla riposare per almeno 1 ora.
- Stendere la pasta su una spianatoia infarinata. Formare gli gnocchi aiutandosi con un tagliapasta per porzionarli e con una forchetta per rigarli. Riporli ben distanziati su un vassoio infarinato.

- Portare a bollore l'acqua salata e cuocere gli gnocchi fino a che non salgono a galla.

Per la salsa
- In una casseruola scaldare il burro con la salvia fino a renderlo spumoso, quindi aggiungere il brodo caldo creando così un'emulsione.

Come servire

Scolare gli gnocchi e metterli nella casseruola con la salsa. Far insaporire bene e mantecare con olio e parmigiano.

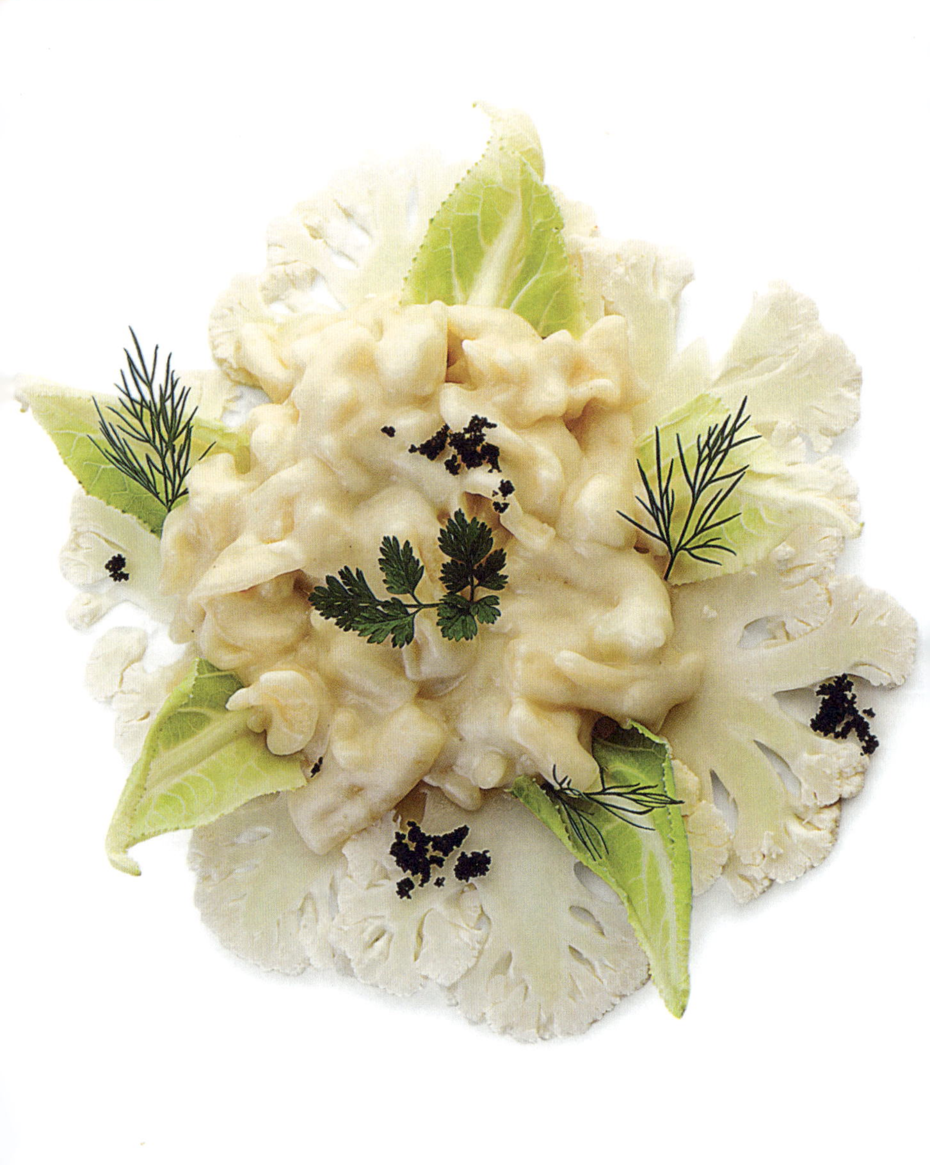

Pasta mischiata e cavolfiori

Dosi per 4 persone

Ingredienti

- 320 g di pasta mischiata
- 1 cavolfiore
- 500 ml di latte
- 2 spicchi d'aglio
- 3 ciuffi di prezzemolo
- 50 g di olive taggiasche denocciolate
- 2 acciughe dissalate
- 200 g di parmigiano grattugiato
- 500 ml di brodo vegetale
- 1 peperoncino secco
- olio all'aglio (1 testa d'aglio per 100 ml di olio evo; frullare)
- olio evo
- sale
- pepe

Preparazione

- Mondare il cavolfiore, lavarlo e tagliarlo in piccoli pezzi. In una casseruola rosolare 1 spicchio d'aglio con i gambi del prezzemolo. Una volta che sono dorati toglierli e aggiungere il cavolfiore. Far insaporire, poi versare 200 ml di brodo vegetale e il latte. Portare a cottura sistemando di sale.

- Scolare il cavolfiore e frullarlo, se necessario allungando con un po' d'acqua di cottura. Sistemare di sale e passare allo chinois.

> Nelle ricette a base di verdure bianche uso il latte, oltre che per dare sapore, per ottenere una crema di colore piú chiaro.

- In una casseruola rosolare con un po' d'olio 1 spicchio di aglio e il peperoncino. Una volta che sono dorati, toglierli e aggiungere prima le acciughe, facendole sciogliere, e in seguito 200 ml di brodo vegetale caldo. Portare a ebollizione. Unire la pasta e cuocerla aggiungendo man mano, se necessario, un po' di brodo, come si fa per la cottura di un risotto.
- Quando la pasta è a metà cottura aggiungere qualche cucchiaio di crema di cavolfiore.
- Una volta pronta, mantecare sistemando di sale e pepe e aggiungendo il parmigiano, il prezzemolo tritato, le olive tagliate in quattro, l'olio e l'olio all'aglio.

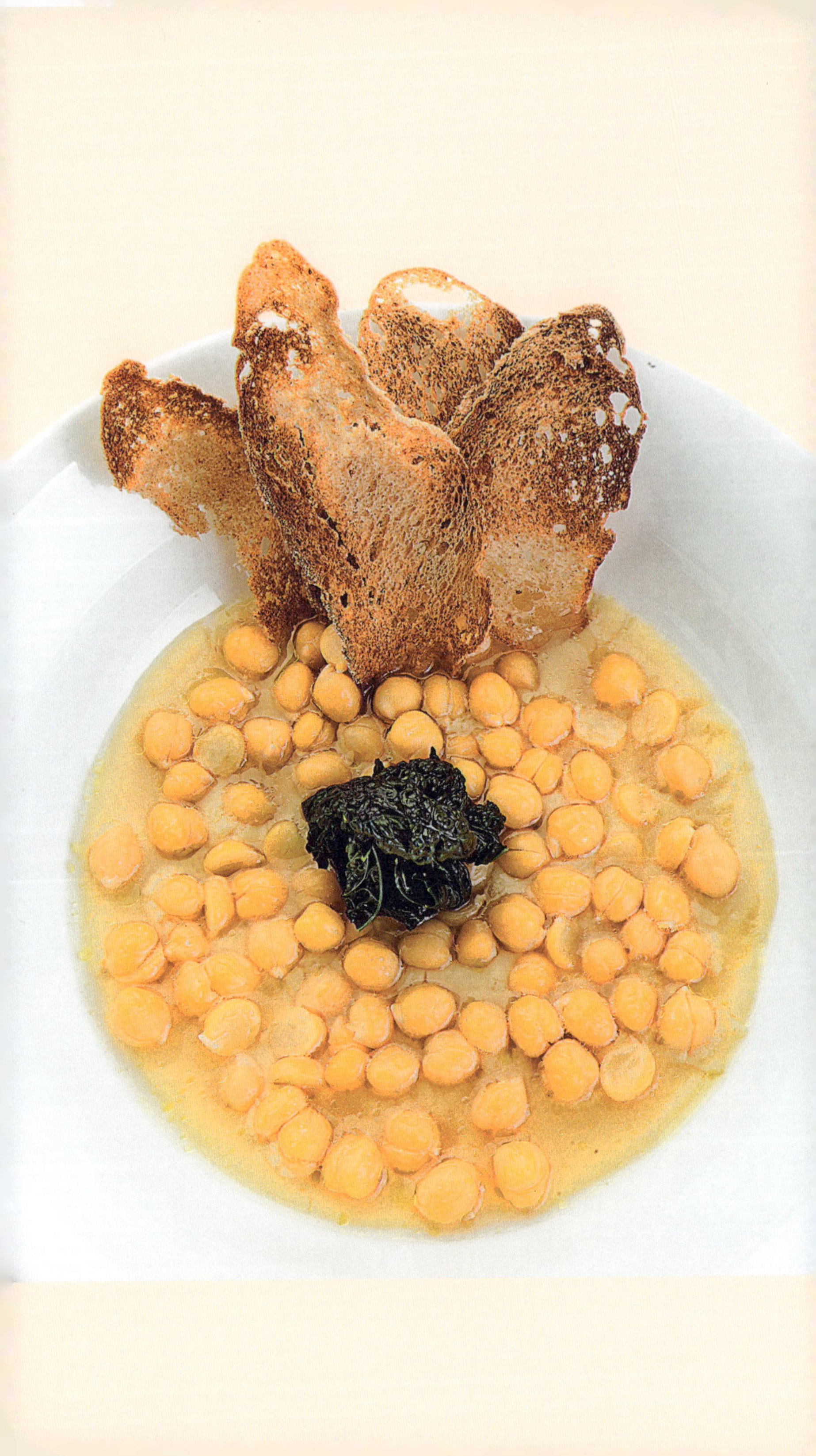

Zuppa di ceci

Dosi per 4 persone

Ingredienti

- 400 g di ceci secchi
- 2 l di brodo vegetale
- 1 carota
- 1 costa di sedano
- 1 cipolla
- 1 ciuffo di prezzemolo
- 1 mazzetto aromatico (alloro, timo, rosmarino)
- 1 spicchio d'aglio
- 8 fette di pane integrale
- peperoncino
- olio evo
- pepe
- sale

Preparazione

- Lasciare a bagno i ceci per una notte in abbondante acqua fredda; in questo modo li reidratiamo e ne facilitiamo la cottura rendendola piú omogenea.
- Condire le fette di pane con olio, sale e pepe e tostarle in padella.
- Mondare, lavare e tagliare a cubetti la cipolla, la carota e il sedano e rosolarli in una casseruola con l'olio, l'aglio, il peperoncino, il prezzemolo e il mazzetto aromatico.

- Unire i ceci, far insaporire e bagnare con il brodo vegetale caldo. Dopo circa 1 ora aggiungere il sale.
- Ultimata la cottura, scolare i ceci e dividerli in due parti uguali.
- Frullare una metà versando poco per volta l'acqua di cottura fino a raggiungere la consistenza desiderata, emulsionando con l'olio e sistemando di sale e pepe. Passare allo chinois.

Come servire / varianti

Servire unendo la crema ai ceci interi.

Questo piatto si presta a molti abbinamenti, per esempio con delle verdure – cavolo nero, cime di rapa – saltate con aglio, olio e peperoncino; oppure con dei calamaretti o un'insalata di puntarelle.

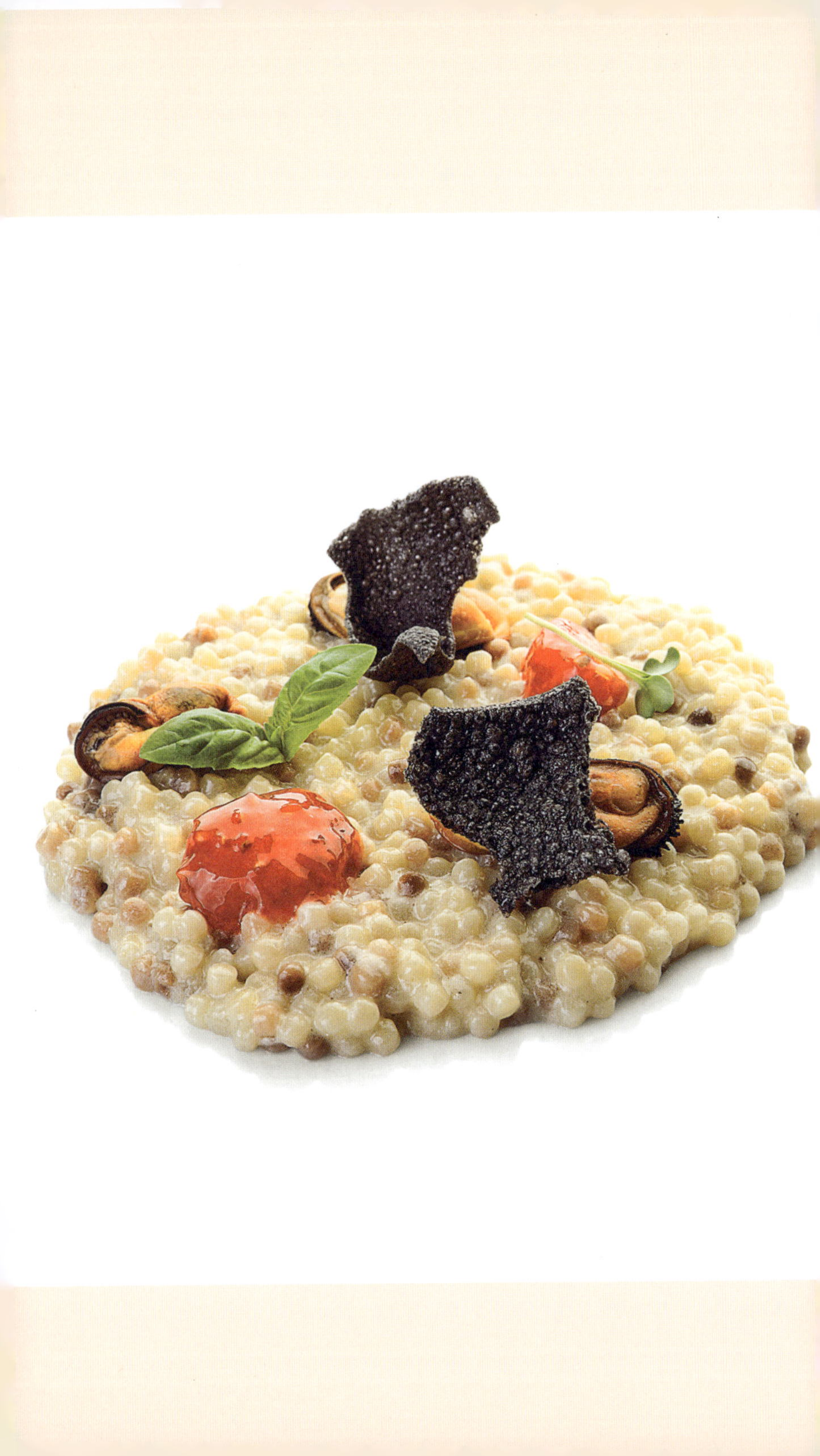

Fregola sarda con cozze e pecorino

Dosi per 4 persone

Ingredienti

- 400 g di fregola
- 1 kg di cozze
- 80 g di pecorino grattugiato
- 1 ciuffo di prezzemolo
- 1 spicchio d'aglio
- 1 peperoncino secco
- 2 l di brodo di pesce (o vegetale)
- vino bianco
- olio evo
- sale

Preparazione

- Pulire e grattare accuratamente le cozze sotto l'acqua corrente eliminando il bisso.
- In una casseruola rosolare l'aglio, i gambi del prezzemolo e il peperoncino secco con un filo d'olio. Aggiungere le cozze e coprire. Dopo circa 30 secondi, versare un bicchiere d'acqua e, sempre tenendo coperto, continuare la cottura per qualche minuto – facendo fare di tanto in tanto alla casseruola un movimento rotatorio – fino a che le cozze non risulteranno tutte aperte.

> Togliere le cozze dalla pentola man mano che si aprono aiutandosi con una pinza, in modo che il grado di cottura sia omogeneo.

- Filtrare e conservare il liquido di cottura.
- Rimuovere le cozze dal guscio e metterle in un piatto.
- In una casseruola tostare la fregola con un filo d'olio. Sfumare con il vino bianco, lasciarlo evaporare e versare l'acqua delle cozze (se troppo sapida aggiungerla a poco a poco). Continuare la cottura allungando con il brodo di pesce (eventualmente vegetale se non si ha il tempo di prepararlo con anticipo). Quando manca 1 minuto al termine, unire le cozze.

> Le cozze le unisco all'ultimo perché sono già cotte e devono essere solo riscaldate.

- Mantecare con un filo d'olio, il pecorino e le foglie di prezzemolo tritate. Sistemare di sale.

> Per una consistenza piú cremosa, aggiungere dei cubetti di patate alla cottura della fregola.

È UTILE SAPERE
Aggiungi un posto a tavola

Imbandire la tavola con cura, anche per l'occasione piú semplice, è un modo per rendere ogni pasto un momento speciale. Mettiamoci sempre un po' di cuore, quando lo facciamo, e i nostri ospiti si sentiranno accolti, parte di un piacere condiviso.

Il primo passaggio è la scelta della tovaglia. A seconda se il pranzo e la cena sono formali oppure no, possiamo optare per il lino bianco o per un cotone pesante colorato. I tovaglioli devono sempre essere in tinta, e disposti al centro del piatto superiore o alla sua sinistra. Se vi piace l'idea di piegarli in modo originale, su Internet troverete numerosi suggerimenti.

Al loro arrivo i vostri amici devono già trovare sulla tavola sia le bevande sia il pane.

L'acqua va proposta in bottiglie di vetro o in caraffe, senza cubetti di ghiaccio e a una temperatura non troppo fredda; non deve mai mancare, quindi prestate attenzione e sostituite i contenitori prima che si esaurisca.

In genere il vino va servito nella sua bottiglia originale, già aperta (salvagoccia e sottobottiglia sono comodi espedienti per evitare macchie). I vini invecchiati, però, è preferibile travasarli in un decanter; quest'operazione ci permette di esaltare le note aromatiche create dal tempo e di eliminare il sedimento accumulato sul fondo. Per il vino bianco è bene utilizzare, se lo si possiede, un secchiello portaghiaccio.

Il pane può essere messo in uno o piú portapane (coperti da un tovagliolo) a centrotavola, oppure, se la cena è piú elegante e lo spazio lo consente, in un piattino apposito, riservato per ogni commensale e disposto alla sua sinistra.

I bicchieri fondamentali sono acqua e vino, diventano tre solo nel caso di compresenza di vini bianchi e rossi. Il bicchiere dell'acqua è sempre il piú grande. Il bicchiere da vino è incolore e con lo stelo, in vetro o in cristallo. Il calice che si restringe verso l'alto consente una maggiore concentrazione dei profumi. Quelli per il rosso, di solito, sono i piú panciuti.

I bicchieri si dispongono a destra del piatto, il piú esterno sarà quello per l'acqua, seguito da quello per il vino bianco e da quello per il vino rosso.

Se con l'antipasto servite uno spumante, ricordate di togliere le flûte con un attimo di anticipo rispetto all'arrivo del primo.

Per quanto riguarda le posate, oggi si tende a non schierarle tutte insieme (sebbene farlo sia piú comodo). Io suggerisco di disporre in tavola solo due forchette (o una forchetta e un cucchiaio) e un coltello, per antipasto e primo piatto. Le forchette vanno sempre a sinistra, il coltello e il cucchiaio a destra; di norma non si prevedono accorgimenti particolari per i mancini ma, in caso di posti già assegnati, invertirli può essere un'attenzione gradita. Il coltello va piú vicino al piatto e con la lama rivolta verso l'interno. Deve essere usato il meno possibile ed è sconsigliato per qualsiasi cibo tenero, come i formaggi, la pasta (anche la lasagna), il pesce a tranci e le fritture. Il cucchiaio è obbligatorio in presenza di cibi liquidi o non compatti. Per minestre o zuppe si usano cucchiai di dimensione piú grande; quelli piú piccoli sono adatti per le minestre in tazza o per gli antipasti, per esempio i cocktail.

Per il pesce è sempre meglio utilizzare le posate apposite. Sono una spesa in piú, ma risultano molto utili. Si portano in tavola solo nel momento in cui viene servito il piatto (lo stesso vale per dolci e frutta).

I piatti da utilizzare per qualsiasi pietanza sono quelli piani. Si utilizzano i piatti fondi solo nel caso di zuppe e minestre, che vanno proposte esclusivamente a cena, mai a pranzo.

Dei sottopiatti in tinta con la tovaglia conferiscono alla tavola un'idea di completezza.

Se è possibile, il caffè sarebbe meglio non servirlo a tavola, ma in salotto o, eventualmente, in giardino. Le tazzine devono sempre essere accompagnate dai rispettivi piattini e cucchiaini.

      Buon appetito.

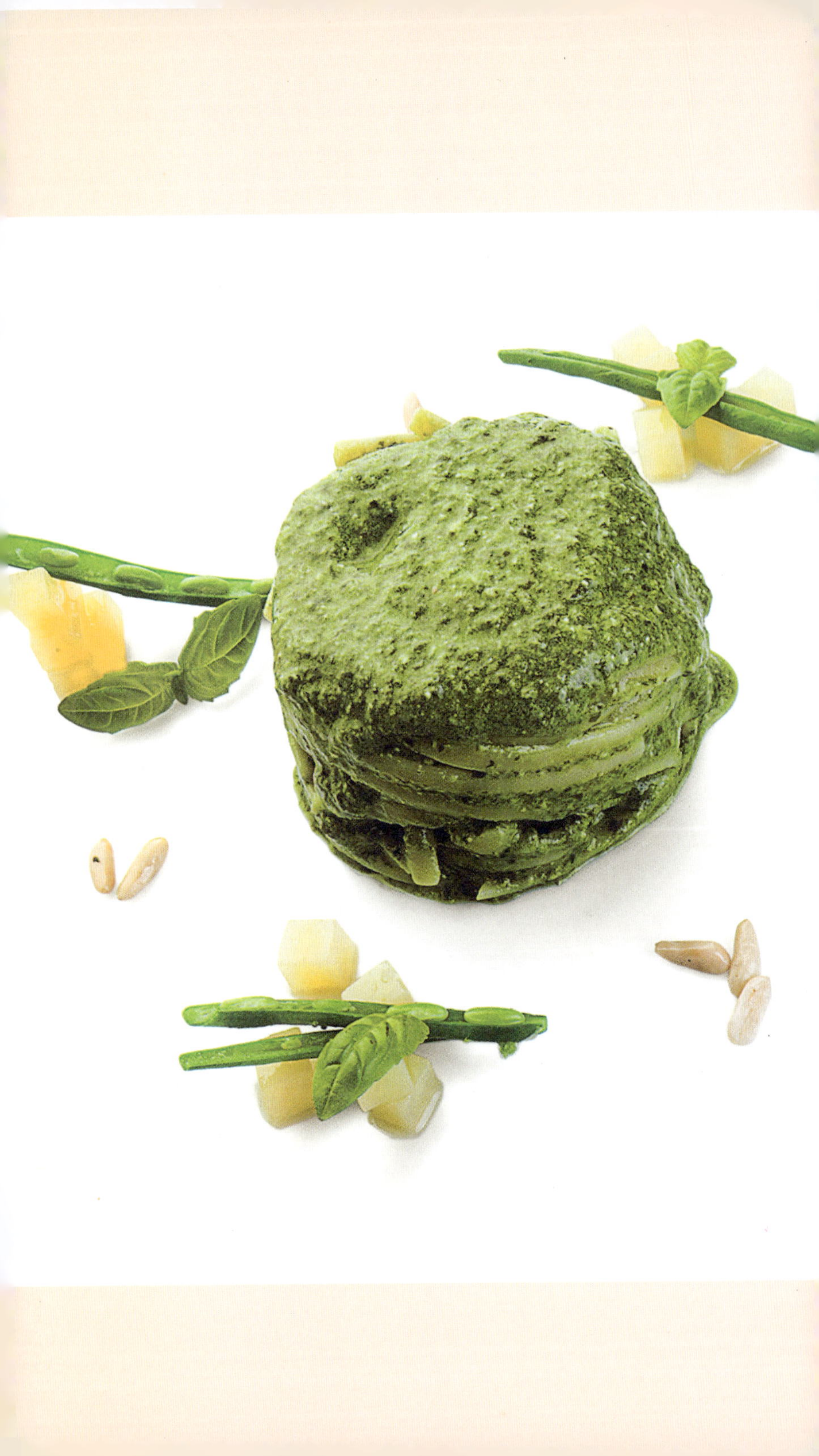

Linguine con pesto di basilico, patate e fagiolini

Dosi per 4 persone

Ingredienti

Per il pesto

- 500 g di basilico
- 2 spicchi d'aglio
- 100 g di parmigiano grattugiato
- 80 g di pecorino grattugiato
- 10 gherigli di noce
- 50 g di pinoli
- 800 ml di olio evo
- sale
- pepe

Per le linguine

- 320 g di linguine
- 2 patate medie
- 100 g di fagiolini
- aceto di vino bianco
- brodo vegetale
- olio evo

Preparazione

Per il pesto

- Lavare il basilico, prendere le foglie e asciugarle. Sbianchirle in acqua salata e raffreddarle in acqua e ghiaccio. Scolarle e strizzarle.

- Frullare l'aglio (privato della buccia e dell'anima), i pinoli, precedentemente tostati in una padella, e i gherigli di noce, quindi aggiungere il basilico e frullare nuovamente allungando con l'olio a filo, il parmigiano e il pecorino. Sistemare di sale e pepe e conservare il pesto in frigorifero coprendo la parte superiore con un velo d'olio.

> Se volete congelarlo, vi consiglio di non mettere il sale durante la preparazione; è una delle maggiori cause di ossidazione della salsa.

Per le linguine
- Lavare, pelare e tagliare le patate a cubetti. Cuocerle in acqua salata con un po' di aceto, scolarle al dente e metterle da parte coperte (l'aceto aiuta a mantenere le patate piú compatte).
- Mondare e lavare i fagiolini, cuocerli in acqua salata e raffreddarli in acqua e ghiaccio. Scolarli, asciugarli e dividerli a metà per il lato lungo.
- In una pentola con abbondante acqua salata cuocere le linguine e scolarle al dente.
- In una padella scaldare un po' d'olio e aggiungere i cubetti di patate e i fagiolini. Allungare con un po' di brodo vegetale o con un po' d'acqua di cottura della pasta, unire le linguine e ultimare la cottura.

LINGUINE CON PESTO DI BASILICO, PATATE E FAGIOLINI

Come servire

Togliere dal fuoco le linguine e mantecarle con il pesto. Amalgamare bene e sistemare di sale e pepe.

> Il pesto va aggiunto dopo che le linguine sono state tolte dal fuoco per evitare che annerisca e cambi di gusto.

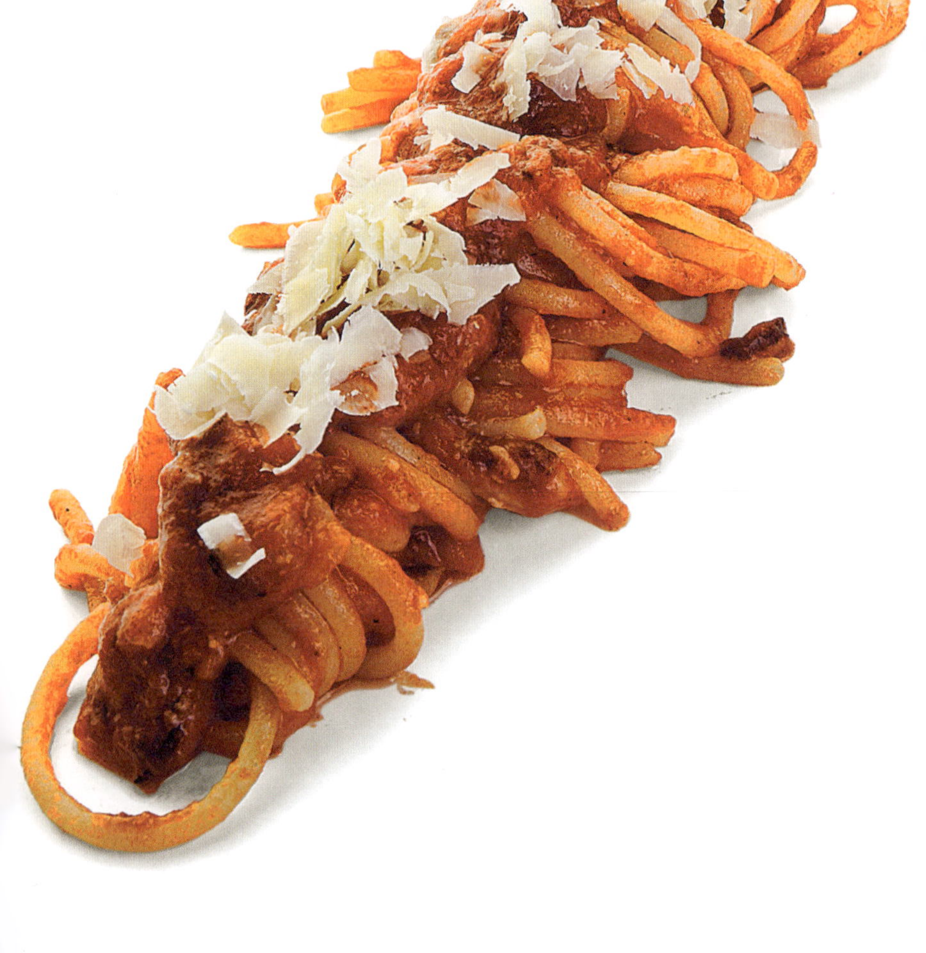

Spaghettoni all'amatriciana

Dosi per 4 persone

Ingredienti

- 320 g di spaghettoni
- 100 g di guanciale
- 300 g di passata di pomodoro
- 80 g di pecorino
- 1 peperoncino secco
- 1 foglia di alloro
- vino bianco
- olio evo
- sale
- pepe

Preparazione

- In una padella rosolare con un filo d'olio il guanciale tagliato a listarelle e il peperoncino. Quando ha acquistato colore, sfumare con il vino bianco. Lasciar evaporare, quindi togliere il peperoncino e aggiungere la passata di pomodoro e la foglia di alloro. Continuare la cottura fino a raggiungere la consistenza desiderata. Sistemare di sale e pepe.

> La rosolatura del guanciale deve essere seguita con molta attenzione: il fuoco va tenuto lento per evitare che il grasso sciolto raggiunga temperature elevate e si bruci rovinando il sapore complessivo della salsa.

- In una pentola cuocere gli spaghettoni in abbondante acqua salata, scolarli al dente e ultimare la cottura in padella con la salsa all'amatriciana. Togliere dal fuoco e mantecare con il pecorino, una grattata di pepe e un filo d'olio.

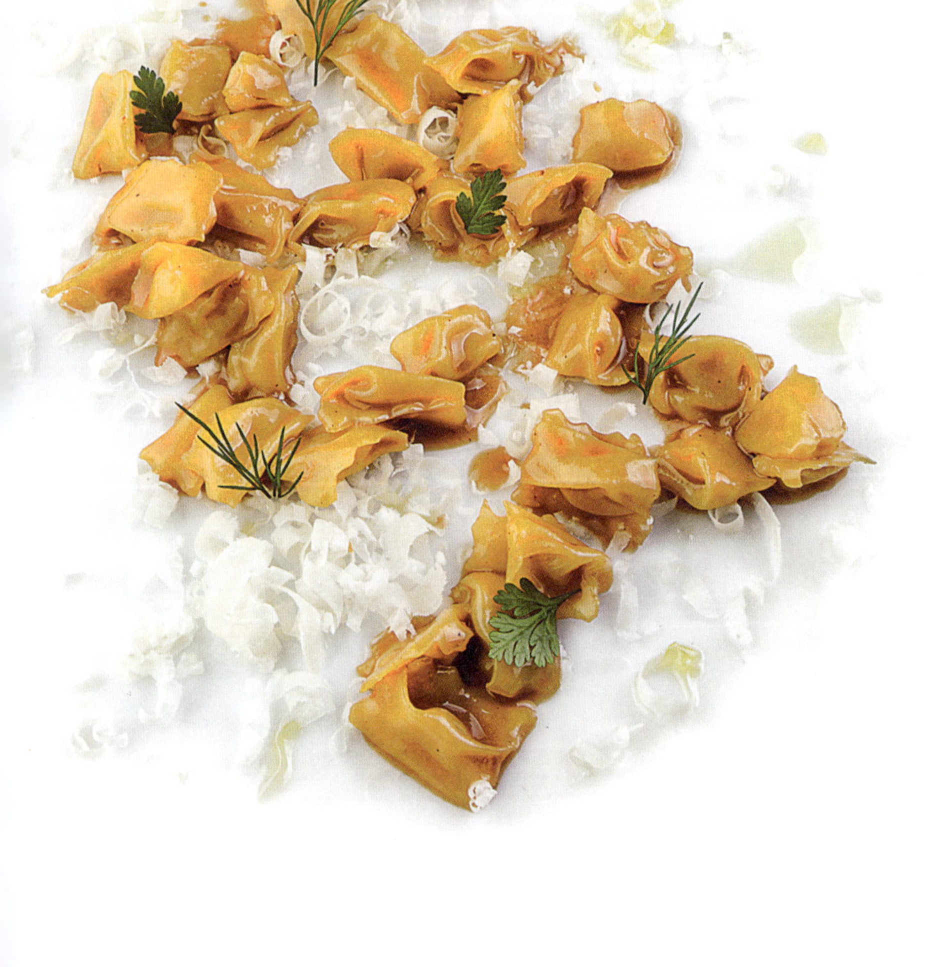

Ravioli del plin ai tre arrosti

Dosi per 4 persone

Ingredienti

- 400 g di farina 00
- 100 g di semola
- 13 tuorli
- 1 uovo
- 1 cucchiaio di olio evo
- 50 g di parmigiano grattugiato

Per il ripieno e la salsa

- 200 g di polpa di vitello
- 200 g di pancia di maiale
- 200 g di coniglio
- 100 g di parmigiano grattugiato
- 100 g di burro
- 200 ml di vino bianco
- 1 l di brodo vegetale
- ½ testa di insalata scarola
- 1 cipolla
- 1 costa di sedano
- 1 carota
- 1 mazzetto aromatico (timo, rosmarino, alloro)
- olio evo
- sale
- pepe

Preparazione

Per il ripieno e la salsa

- Separatamente tagliare le tre carni e condirle con olio, sale e pepe macinato.

- Mondare, lavare e tagliare in pezzi 1 carota, 1 sedano e 1 cipolla. In una pentola capiente, rosolarli lentamente con un filo d'olio e il mazzetto aromatico.
- Rosolare il vitello in una padella ben calda fino a che non si forma una buona crosticina, a mo' di arrosto. Dopo aver eliminato il grasso ricavato dalla rosolatura, spostarlo nella pentola con le verdure.
- Deglassare la padella con un po' di vino bianco, far ridurre leggermente e bagnare con il brodo vegetale. Versare tutto il liquido nella pentola con le verdure e la carne. Eseguire gli stessi passaggi con il maiale e il coniglio, fino a che le tre carni non saranno saranno tutte nella pentola con le verdure.

> Deglassare la padella recuperandone il succo e versarlo nella pentola di cottura darà al risultato finale un gusto piú deciso.

- Cuocere insieme le carni per 3 ore circa, o comunque fino a che non si sono completamente sfaldate, tenendo la pentola coperta e allungando se necessario con un po' di brodo.
- Nel frattempo lavare e tagliare la scarola, sbianchirla in acqua salata e raffreddarla in acqua e ghiaccio. Asciugarla e metterla da parte.
- Scolare le carni conservando il liquido di cottura e, dopo averle unite alla scarola, passarle al tritacarne almeno due volte.
- Condire con 100 g di parmigiano, sistemando di sale e pepe e aggiungendo del brodo se il composto risulta troppo duro. Mettere in un sac à poche.

RAVIOLI DEL PLIN AI TRE ARROSTI

- Per la salsa, filtrare e sgrassare il liquido recuperato dalla cottura delle carni, quindi metterlo a ridurre in padella con una noce di burro.

- In una planetaria (o in alternativa a mano) impastare la farina, la semola, l'olio, l'uovo e i tuorli. Se l'impasto è troppo duro aggiungere un po' d'acqua finché non risulta omogeneo. Formare una palla, avvolgerla nella pellicola e farla riposare per almeno 1 ora.

> La ricetta che vi propongo contiene molti piú tuorli di quella classica. Questo fa sí che la pasta assuma un colore giallo e rimanga piú consistente dopo la cottura.

- Su una spianatoia infarinata stendere una sfoglia sottile e, aiutandosi con il sac à poche, disegnare al centro una linea con il ripieno. Richiudere la sfoglia su sé stessa avvolgendo il ripieno e pizzicarla (*plin* in piemontese) schiacciando la sfoglia tra le dita a intervalli regolari. Tagliare per formare i ravioli.
- Se la pasta risulta leggermente asciutta vaporizzare la sfoglia con l'acqua per facilitarne la chiusura.
- Cuocere i plin in abbondante acqua salata.
- Con l'aiuto di un mestolo forato spostarli direttamente nella padella con la salsa. Farli insaporire e ultimare la cottura mantecando con 50 g di parmigiano e un filo d'olio.

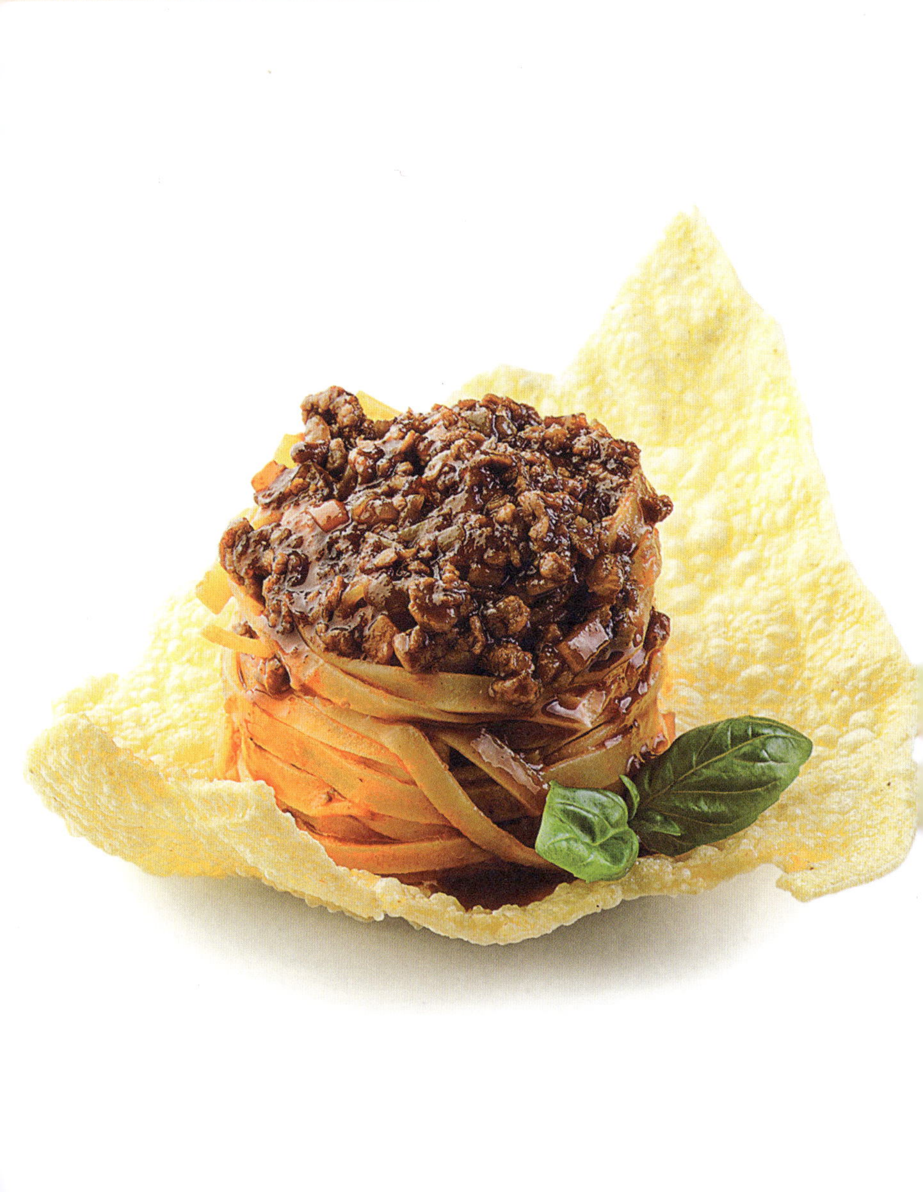

Tagliatelle alla bolognese

Dosi per 4 persone

Ingredienti

- 400 g di farina 00
- 100 g di semola
- 13 tuorli
- 1 uovo
- 1 cucchiaio di olio evo
- 50 g di parmigiano grattugiato

Per la salsa

- 300 g di polpa di manzo macinata
- 150 g di pancetta di maiale macinata
- 300 g di passata di pomodoro
- 100 ml di vino rosso
- 500 ml di brodo vegetale
- 1 cipolla
- 1 carota
- 1 costa di sedano
- 1 foglia di alloro
- olio evo
- sale
- pepe

Preparazione

Per la salsa

- Mondare, lavare e tagliare a cubetti la cipolla, la carota e il sedano e rosolarli in una casseruola con un po' d'olio.
- Unire la carne macinata e la pancetta e continuare a rosolare fino a che i liquidi della carne non si saranno

riassorbiti (in questo modo eviteremo un sapore di carne bollita). Sfumare con il vino rosso e, una volta che è evaporato, aggiungere la foglia di alloro, un pizzico di sale e la passata di pomodoro. Continuare la cottura per qualche ora, mescolando e all'occorrenza aggiungendo del brodo vegetale.

- In una planetaria (o in alternativa a mano) impastare la farina, la semola, l'olio, l'uovo e i tuorli. Se l'impasto è troppo duro aggiungere un po' d'acqua finché non risulta omogeneo. Formare una palla, avvolgerla nella pellicola e farla riposare per almeno 1 ora.
- Su una spianatoia infarinata, stendere una sfoglia sottile e, con l'aiuto di un coltello, ricavare le tagliatelle.
- In una pentola cuocere le tagliatelle in abbondante acqua salata. Scolarle con una pinza direttamente nella casseruola con la salsa bolognese. Farle insaporire e ultimare la cottura mantecando con il parmigiano e un filo d'olio.

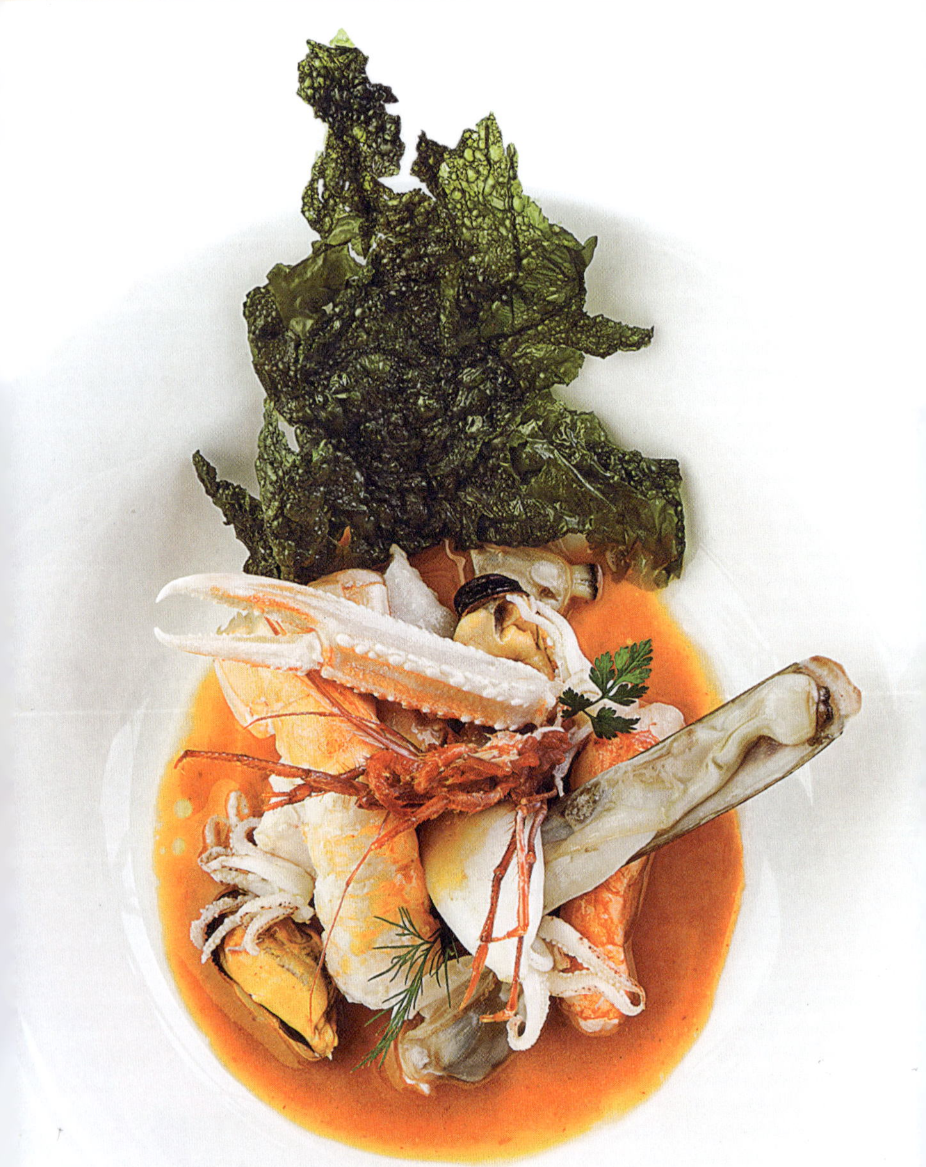

Zuppa di pesce

Dosi per 4 persone

Ingredienti

- 500 g di cozze
- 500 g di vongole
- 500 g di cannolicchi
- 12 scampi
- 8 gamberi
- 1 scorfano medio-piccolo
- 1 polpo
- 4 calamari
- 4 triglie piccole
- 1 kg di passata di pomodoro
- 2 pomodori ramati
- 8 fette di pane integrale
- 1 l e ½ di vino bianco
- 2 carote
- 3 coste di sedano
- 3 cipolle
- 2 teste d'aglio
- 1 mazzetto di prezzemolo
- 3 peperoncini secchi
- 1 mazzetto aromatico (alloro, timo, rosmarino)
- olio all'aglio (1 testa d'aglio per 100 ml di olio evo; frullare)
- olio evo
- sale
- pepe

Preparazione

- In una casseruola portare a ebollizione 3 l d'acqua e 500 ml di vino, con 1 carota, 1 sedano, 1 cipolla, 1 gambo di prezzemolo, 1 peperoncino secco e sale. Immergere il polpo partendo dalla parte dei tentacoli e cuocerlo per 40 minuti. Lasciarlo raffreddare nel suo brodo, poi scolarlo e tagliarlo in pezzi.

- Separatamente mettere a bagno le vongole e i cannolicchi in acqua salata oppure in acqua di mare depurata per circa 1 ora. Quest'operazione serve a lavare i molluschi eliminando le impurità e la sabbia.
- Scolare e battere le vongole una a una su un tagliere: se ne fuoriescono fango o sabbia, significa che il mollusco è morto e va scartato.
- Pulire e grattare accuratamente le cozze sotto l'acqua corrente togliendo il bisso.
- In una casseruola rosolare con un filo d'olio 1 spicchio d'aglio, 1 gambo di prezzemolo e 1 peperoncino secco. Aggiungere le cozze e coprire. Dopo circa 30 secondi, versare un bicchiere d'acqua e, sempre tenendo coperto, continuare la cottura per qualche minuto, facendo fare di tanto in tanto alla casseruola un movimento rotatorio.

> Togliere le cozze dalla pentola man mano che si aprono aiutandosi con una pinza, in modo che il grado di cottura sia omogeneo.

- Filtrare e conservare il liquido di cottura.
- Ripetere l'operazione con le vongole e i cannolicchi.
- Per i calamari separare il corpo dal ciuffo, pulire l'interno estraendo anche la parte cartilaginosa e togliere la pellicina esterna. Sciacquare bene sotto acqua corrente fredda e asciugare. Lavorare il ciuffo aiutandosi con un paio di forbici, tagliando proprio sotto gli occhi e togliendo la parte del becco. Dividerlo in quattro parti.

Per il brodo di crostacei

- Pulire gli scampi e i gamberi eliminando il budello, il carapace e la testa, ma conservando questi ultimi due per preparare il brodo.
- Mondare, lavare e tagliare a cubetti 1 cipolla, 1 carota e 1 sedano e rosolarli in una casseruola con un po' d'olio e 2 spicchi d'aglio. Aggiungere il carapace e la testa dei crostacei e tostarli; romperli schiacciandoli con un cucchiaio di legno. Unire i pomodori ramati lavati e tagliati in pezzi e continuare la cottura fino a che tutti i liquidi non si saranno riassorbiti (per evitare che l'alimento in cottura si bruci consiglio di raschiare il fondo della pentola con una spatola man mano che i liquidi evaporano). Sfumare con 500 ml di vino e, una volta che è evaporato, aggiungere il mazzetto aromatico, coprire completamente con acqua fredda e portare a bollore. Schiumare per eliminare le impurità e lasciar sobbollire per almeno 40 minuti. Togliere dal fuoco e far intiepidire, quindi passare allo chinois.

Per il brodo di pesce

- Squamare, eviscerare e sfilettare lo scorfano e le triglie. Spinare i filetti con l'aiuto di una pinza e porzionarli. Togliere le branchie e gli occhi dalle teste dello scorfano e delle triglie e, con l'aiuto di un paio di forbici, tagliare in pezzi lische e teste. Lavarle sotto l'acqua corrente fredda, scolarle e procedere alla cottura.
- Mondare, lavare e tagliare a cubetti 1 cipolla, 1 sedano, 1 spicchio d'aglio e 1 gambo di prezzemolo e rosolarli in una casseruola con un po' d'olio. Aggiungere le lische e continuare la cottura fino a che tutti i liquidi non si saranno riassorbiti. Sfumare con 500 ml di vino bianco e,

una volta che è evaporato, coprire completamente con acqua fredda e alcuni cubetti di ghiaccio. Portare a bollore, schiumare per eliminare le impurità e continuare la cottura per circa 40 minuti a fuoco basso. Togliere dal fuoco, far intiepidire, quindi passare allo chinois.

- In una capiente casseruola rosolare 1 spicchio d'aglio, 1 gambo di prezzemolo e 1 peperoncino con un po' d'olio. Aggiungere il brodo di pesce, il brodo di crostacei, l'acqua di cozze e vongole e ridurre facendo attenzione alla sapidità eccessiva proveniente dall'acqua dei molluschi.
- Togliere gli aromi, versare la passata di pomodoro e lasciar insaporire. Una volta raggiunta la consistenza desiderata, abbassare la fiamma e aggiungere i pesci precedentemente conditi con olio e sale: prima i tranci di scorfano, poi i filetti di triglia, i calamari, gli scampi, i gamberi e in ultimo il polpo, le vongole, i cannolicchi e le cozze. Togliere dal fuoco, aggiungere un po' di foglie di prezzemolo tritate, qualche goccia d'olio all'aglio e sistemare di sale e pepe.

Come servire

Servire con dei crostoni di pane precedentemente conditi con olio e poco sale e tostati in padella.

I passaggi di questa ricetta sono piú lunghi e laboriosi rispetto a quelli di una ricetta classica ma vi garantisco che il risultato vi sorprenderà.

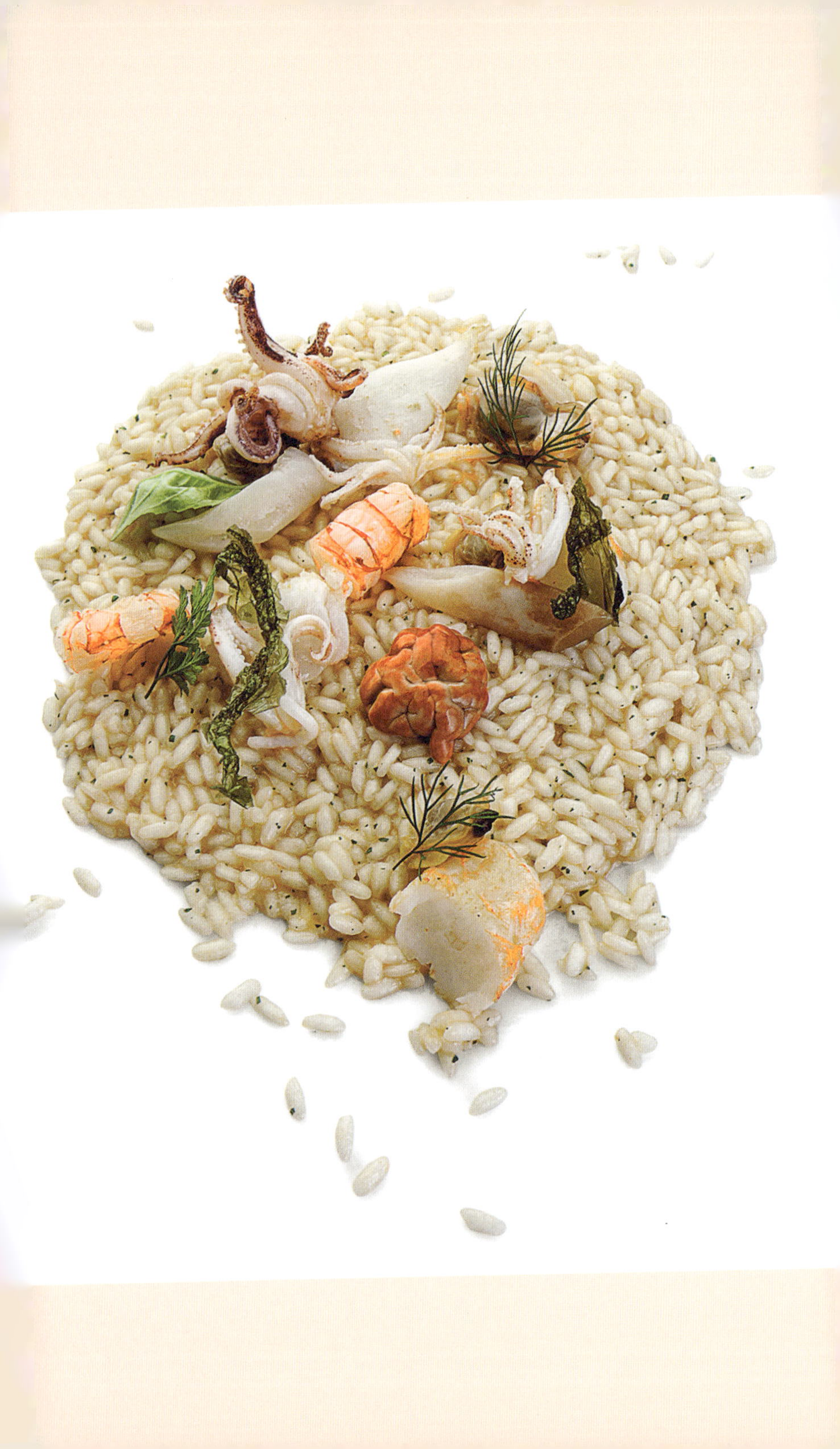

Risotto ai frutti di mare
Dosi per 4 persone

Ingredienti

- 320 g di riso Carnaroli
- 600 ml di vino bianco
- olio evo
- olio all'aglio (1 testa d'aglio per 100 ml di olio evo; frullare)
- sale
- pepe

Per il brodo

- 1 kg di cozze
- 1 kg di vongole
- 400 g di calamari
- 12 gamberi
- 4 scampi
- 1 mazzetto di prezzemolo
- 1 testa d'aglio
- 1 cipolla
- 1 carota
- 1 costa di sedano
- 2 pomodori ramati
- 1 mazzetto aromatico (timo, alloro, rosmarino)
- 1 limone
- 1 peperoncino

Preparazione

Per il brodo

- Mettere le vongole a bagno in acqua salata oppure in acqua di mare depurata per circa 1 ora. Scolarle e batterle una per una su un tagliere: se ne fuoriescono fango o sabbia, significa che il mollusco è morto e va scartato.

- Pulire e grattare accuratamente le cozze sotto l'acqua corrente eliminando il bisso.
- In una casseruola far rosolare 1 spicchio di aglio, 1 gambo di prezzemolo e il peperoncino con un po' d'olio. Aggiungere le cozze e coprire. Dopo circa 30 secondi, versare un bicchiere di acqua e, sempre tenendo coperto, continuare la cottura per qualche minuto facendo fare di tanto in tanto alla casseruola un movimento rotatorio.

> Togliere le cozze dalla pentola man mano che si aprono aiutandosi con una pinza, in modo che il grado di cottura sia omogeneo.

- Filtrare e conservare il liquido di cottura.
- Ripetere l'operazione con le vongole.
- Per i calamari separare il corpo dal ciuffo, pulire l'interno estraendo anche la parte cartilaginosa e togliere la pellicina esterna. Sciacquare bene sotto acqua corrente fredda e asciugare. Lavorare il ciuffo aiutandosi con un paio di forbici, tagliando proprio sotto gli occhi e togliendo la parte del becco.
- Tagliare i calamari in pezzi regolari e metterli a marinare con olio, sale, pepe, 1 gambo di prezzemolo, 1 spicchio d'aglio privato dell'anima e la scorza grattugiata di 1 limone.
- Pulire gli scampi e i gamberi eliminando il budello, il carapace e la testa, ma conservando questi ultimi due per il brodo. Tagliarli per il lungo se risultano troppo grossi e condirli con olio, sale e pepe.
- Mondare, lavare e tagliare a cubetti 1 cipolla, 1 carota e 1 sedano e rosolarli in una casseruola con un po' d'olio e 2 spicchi d'aglio. Aggiungere il carapace e la testa

RISOTTO AI FRUTTI DI MARE

dei crostacei e tostarli; romperli schiacciandoli con un cucchiaio di legno. Unire i pomodori ramati lavati e tagliati in pezzi e continuare la cottura fino a che tutti i liquidi non si saranno riassorbiti (per evitare che l'alimento in cottura si bruci consiglio di raschiare il fondo della pentola con una spatola man mano che i liquidi evaporano). Sfumare con 500 ml di vino e, una volta che è evaporato, aggiungere il mazzetto aromatico, coprire completamente con acqua fredda e portare a bollore. Schiumare per eliminare le impurità e lasciar sobbollire per almeno 40 minuti. Togliere dal fuoco e far intiepidire, quindi passare allo chinois. Questo sarà il brodo che utilizzeremo per cuocere il nostro risotto.

- In una casseruola tostare il riso con l'olio e un pizzico di sale. Sfumare con il vino bianco e lasciar evaporare. Portare a cottura bagnando con il brodo di crostacei e aggiungendo anche l'acqua ricavata dalla cottura delle cozze e delle vongole (se troppo sapida aggiungerla a poco a poco).
- Circa 5 minuti prima che la cottura del riso sia ultimata, aggiungere, dopo averli scolati, prima i calamari, poi i gamberi e gli scampi, in ultimo le cozze e le vongole.
- Togliere dal fuoco e mantecare con olio, olio all'aglio, le foglie del prezzemolo tritate e il pepe macinato e sistemare di sale.

Varianti

Un passaggio alternativo ma piú complesso per insaporire ulteriormente il nostro risotto è quello di saltare rapidamen-

te e separatamente calamari, gamberi e scampi in una padella ben calda con olio e aglio. Toglierli dal fuoco, metterli in un piatto e coprirli con la pellicola. Deglassare le padelle con il brodo di crostacei e utilizzare il composto ottenuto per la cottura del riso. Calamari, gamberi e scampi vanno aggiunti al risotto proprio a fine cottura.

Le storie di Antonino
Il cibo fa viaggiare

Non è un mistero che io sia un fanatico della cucina, lo sono a tal punto che questa passione ha influenzato le mie preferenze su dove trascorrere le vacanze.

Quando abbiamo qualche giorno libero capita che mia moglie Cinzia e io decidiamo di fare un piccolo viaggio insieme con i nostri figli. E sempre piú spesso la scelta della meta è determinata da una curiosità alimentare: «Perché non andiamo lí, che cosí assaggiamo...»

In realtà il turismo gastronomico è ormai molto diffuso, e non è una scusa per soddisfare il palato, ma un vero e proprio modo per conoscere una città, un territorio.

Il pesto a Genova, i carciofi a Roma, la 'nduja a Reggio Calabria, i ricci e i conchigliacei crudi a Bari, il baccalà a Vicenza, il fegato a Venezia, il brodetto a Termoli, la fregola e il porceddu in Sardegna, il tartufo in Piemonte, la fiorentina in Toscana, la pizza a Napoli, gli arrosticini in Abruzzo o la caponata in Sicilia (chiedo scusa in anticipo: l'elenco è gravemente incompleto e impreciso, ma non potrebbe essere altrimenti in un Paese come il nostro; serve solo a dare una suggestione, per spiegare quello che intendo). Queste delizie non ci regalano solo sapori straordinari, ci parlano di un luogo – mare, campi, colline, montagne – e della gente che lo abita. Rievocano il nostro passato e ci dicono anche del nostro futuro, giacché rappresentano un'economia che nessun progresso tecnologico può rendere superata. Inoltre ci parlano di bellezza quanto i monumenti; non è un caso che, al pari delle opere d'arte, le materie prime alimentari siano sempre piú spesso protette.

Assaggiare le ricette locali nei posti che visitiamo ci fornisce una chiave per scoprirli e amarli. Prepararle a casa pensando alla loro origine serve a coglierne l'essenza, il cuore.

Secondi di pesce

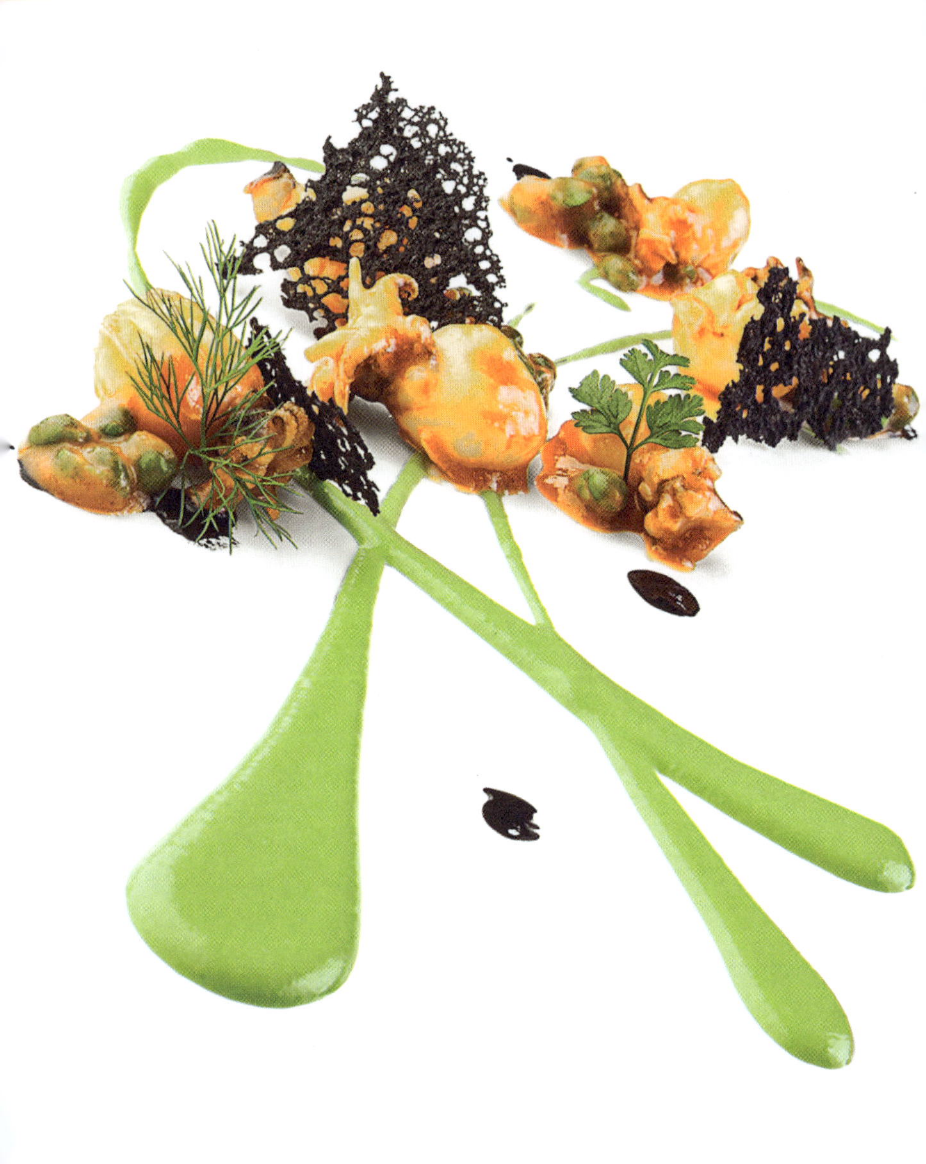

Seppie e piselli

Dosi per 4 persone

Ingredienti

- 1 kg di seppioline
- 500 g di piselli
- 150 g di passata di pomodoro
- ½ spicchio d'aglio
- 1 ciuffo di prezzemolo
- 1 foglia di alloro
- 1 peperoncino secco (facoltativo)
- prosecco
- olio evo
- sale
- pepe

Per la crema di piselli
- 250 g di piselli
- 20 ml d'olio d'oliva
- 140 ml di brodo vegetale
- 15 foglie di menta
- 1 cipolla

Preparazione

- In un contenitore pulire le seppioline togliendo la sacca e l'ossicino interni e il becco situato al centro dei tentacoli, quindi sciacquarle sotto abbondante acqua corrente per eliminare gli eventuali residui sabbiosi.
- In una casseruola capiente, far rosolare ½ spicchio d'aglio pelato e senz'anima, il gambo del prezzemolo e il

peperoncino. Quando sono dorati, toglierli e mettere a rosolare a fuoco vivo le seppioline scolate.

> Se la casseruola non è abbastanza grande, dividere la cottura delle seppie in piú volte, altrimenti i liquidi che fuoriescono abbassano troppo la temperatura e rendono difficile far evaporare il tutto (e invece ridurre bene i liquidi è molto importante per concentrare il gusto).

- Sfumare con il prosecco e far evaporare nuovamente.
- Aggiungere la passata di pomodoro, la foglia di alloro, un pizzico di sale e continuare la cottura. Controllare periodicamente la sapidità.
- Quando le seppioline risulteranno tenere, unire i piselli (precedentemente sbianchiti in acqua salata e in seguito raffreddati in acqua e ghiaccio per mantenerne il colore verde vivace).
- Finita la cottura, togliere la foglia di alloro, sistemare di sale e pepe e ultimare con le foglie del prezzemolo tritate e qualche goccia di olio evo.
- Se preferite sapori piú marcati e intensi, potete aggiungere del peperoncino tritato e dell'aglio schiacciato.

Per la crema di piselli
- Sbianchire i piselli, raffreddarli in acqua e ghiaccio e scolarli.
- In una casseruola far rosolare la cipolla tritata con un po' d'olio, unire la menta e i piselli e condire con sale e pepe. Bagnare con il brodo vegetale (solo la quantità necessaria a coprire i piselli) e continuare la cottura a fuoco alto per 6-7 minuti al massimo.

- Scolare e frullare il tutto, aggiungendo se serve un po' di brodo di cottura. Passare allo chinois e travasare in un contenitore d'acciaio, che andrà immerso fino a metà in acqua e ghiaccio.

> Consiglio di sbianchire sempre le verdure ricche di clorofilla per ottenere un risultato migliore, un verde piú acceso e gusti piú freschi.

Come servire

In un piatto disporre le seppioline e napparle con la salsa.

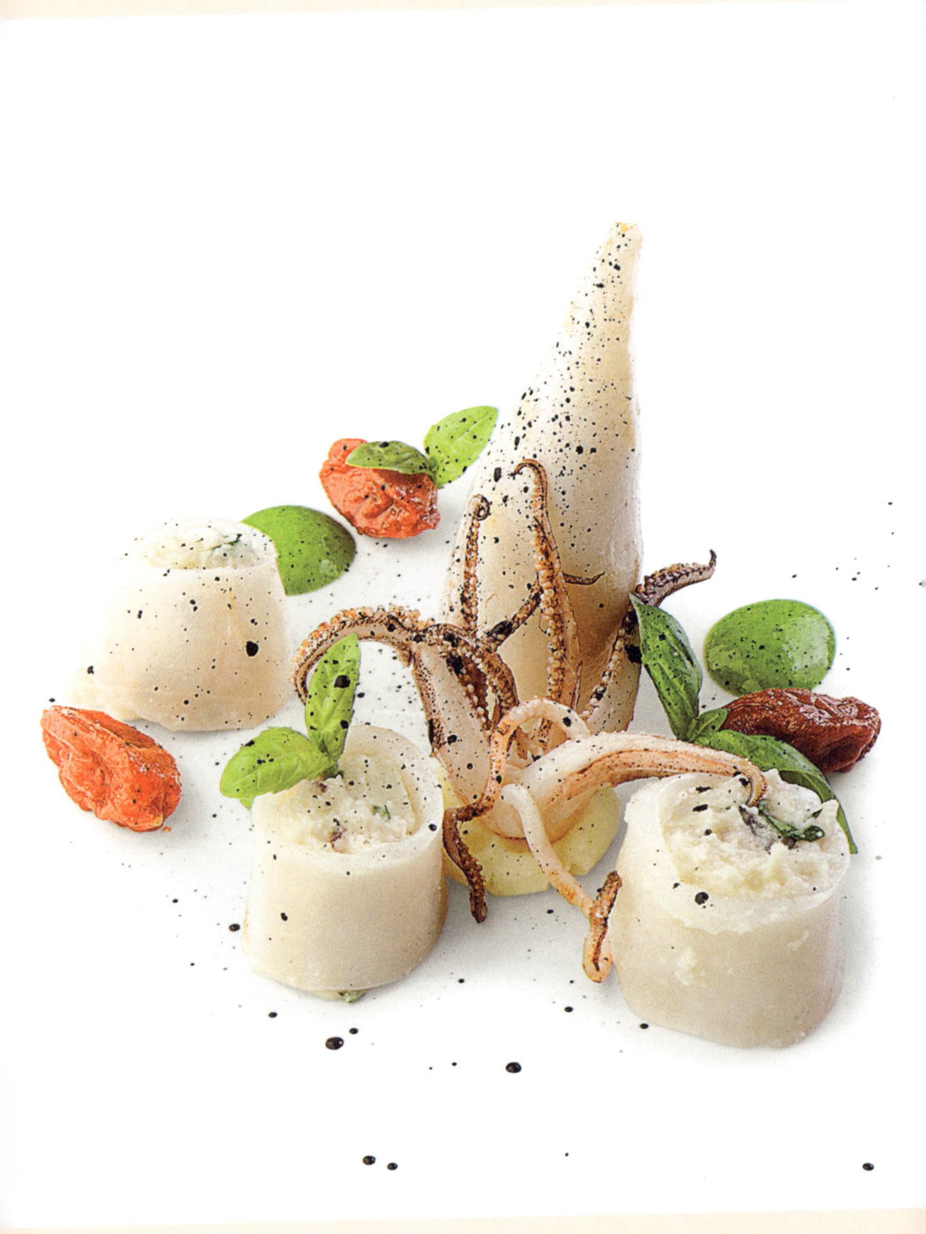

Calamari ripieni di patate e cime di rapa, salsa di zucchine e pomodori confit

Dosi per 4 persone

Ingredienti

- 8 calamari piccoli
- brodo vegetale
- olio evo
- sale

Per il ripieno di patate e cime di rapa

- 300 g di patate rosse
- 100 g di cime di rapa
- 20 ml di olio evo
- 1 foglia di alloro
- 3 bacche di ginepro
- 1 spicchio di aglio
- pepe

Per la salsa di zucchine

- 4 zucchine di media grandezza
- 1 scalogno
- 200 ml di brodo vegetale
- pepe

Per i pomodori datterini confit

- 1 kg di datterini
- 25 g di zucchero di canna
- 10 g di sale
- 250 ml di olio evo
- aglio
- timo
- maggiorana

Preparazione

- Separare il corpo del calamaro dal ciuffo, pulire l'interno estraendo anche la parte cartilaginosa e togliere la pellicina esterna. Sciacquare bene sotto l'acqua corrente fredda e asciugare. Lavorare il ciuffo aiutandosi con un paio di forbici, tagliando proprio sotto gli occhi e poi togliendo la parte del becco. Condire con olio e sale.

> Per i calamari sono possibili due cotture, una lunga, solitamente stufata, che li rende morbidi ma piú stopposi, e un'altra veloce, scottata, che li rende teneri e succosi. Io prediligo quest'ultima, che qui vi spiego. Un consiglio preliminare: se in una ricetta dobbiamo scottare piccole quantità di un ingrediente, come i ciuffi di calamari, si deve portare la padella a temperatura, spegnere la fiamma, aggiungerlo e riaccendere il fuoco, in modo da evitare il formarsi della fiammata e il conseguente retrogusto di bruciato.

- Scottare i corpi dei calamari in una padella ben calda; appena si gonfiano, girarli e ultimare la cottura.
- Spostarli su un vassoio, che andrà coperto con la pellicola per conservare tutti i profumi e i liquidi ed evitare che i calamari si secchino. Conservare a temperatura ambiente.
- Deglassare la padella ancora calda con un po' di brodo vegetale e conservare il liquido ottenuto, che verrà poi utilizzato per insaporire ulteriormente il ripieno.
- In una padella pulita saltare rapidamente i ciuffi, anche questi conditi in precedenza con sale e olio, e metterli da parte come i calamari.

> Consiglio particolare attenzione in questa fase perché, se la temperatura della padella non è abbastanza alta, si può incorrere nella fuoriuscita dei liquidi e ottenere una consistenza bollita e non croccante.

Per il ripieno di patate e cime di rapa

- Lavare e lessare le patate rosse con gli aromi e 10 g di sale. Pelarle e passarle al setaccio, poi condire con olio, sale e pepe.
- Le patate non devono essere cotte a fuoco troppo alto, ma devono semplicemente sobbollire, altrimenti c'è il rischio che si sfaldino. Le patate saranno pronte quando, forandole con uno stuzzicadenti, non incontrerete resistenza ma arriverete al cuore con facilità.
- Mondare e lavare le cime di rapa. Sbianchirle in acqua salata con 20 ml d'olio e lo spicchio d'aglio, quindi raffreddarle in acqua e ghiaccio e tagliarle a pezzetti. Saltarle e sistemare di sale e pepe. Una volta fredde, incorporarle con le patate schiacciate, con metà dei ciuffi precedentemente tagliati a pezzetti e con il liquido di cottura dei calamari. Sistemare di sale e pepe. Mettere il composto ottenuto nel sac à poche e farcire i calamari chiudendoli con l'aiuto di uno stuzzicadenti.
- Prima di servirli, rigenerarli in forno preriscaldato a 180° C fino a che il ripieno non risulterà tiepido.

Per la salsa di zucchine

- Lavare, mondare e tagliare le zucchine in piccoli pezzi. Sbianchirle in acqua salata e raffreddarle in acqua e ghiaccio. In una padella rosolare con un po' d'olio lo scalogno tritato, aggiungere le zucchine, lasciar insapo-

rire per qualche istante e bagnare con il brodo vegetale. A cottura ultimata, frullare bene con l'aiuto di un frullatore a immersione, versando un po' d'olio a filo e sistemando di sale e pepe.
- Per una crema più liscia e omogenea passare allo chinois.

Per i pomodori datterini confit
- Lavare i datterini, sbianchirli in acqua salata e raffreddarli in acqua e ghiaccio. Levare loro la pelle e condirli con lo zucchero, il sale e l'olio, quindi disporli ben distanziati su placche con carta forno. Aggiungere l'aglio, il timo e la maggiorana e cuocere in forno a 80° C per 4 ore circa.
- Togliere dal forno, eliminare gli aromi e lasciar riposare i pomodori. Una volta freddi, conservarli in frigorifero sott'olio.

Come servire

Servire i calamari ripieni accompagnati dalla salsa di zucchine e dai pomodori confit.

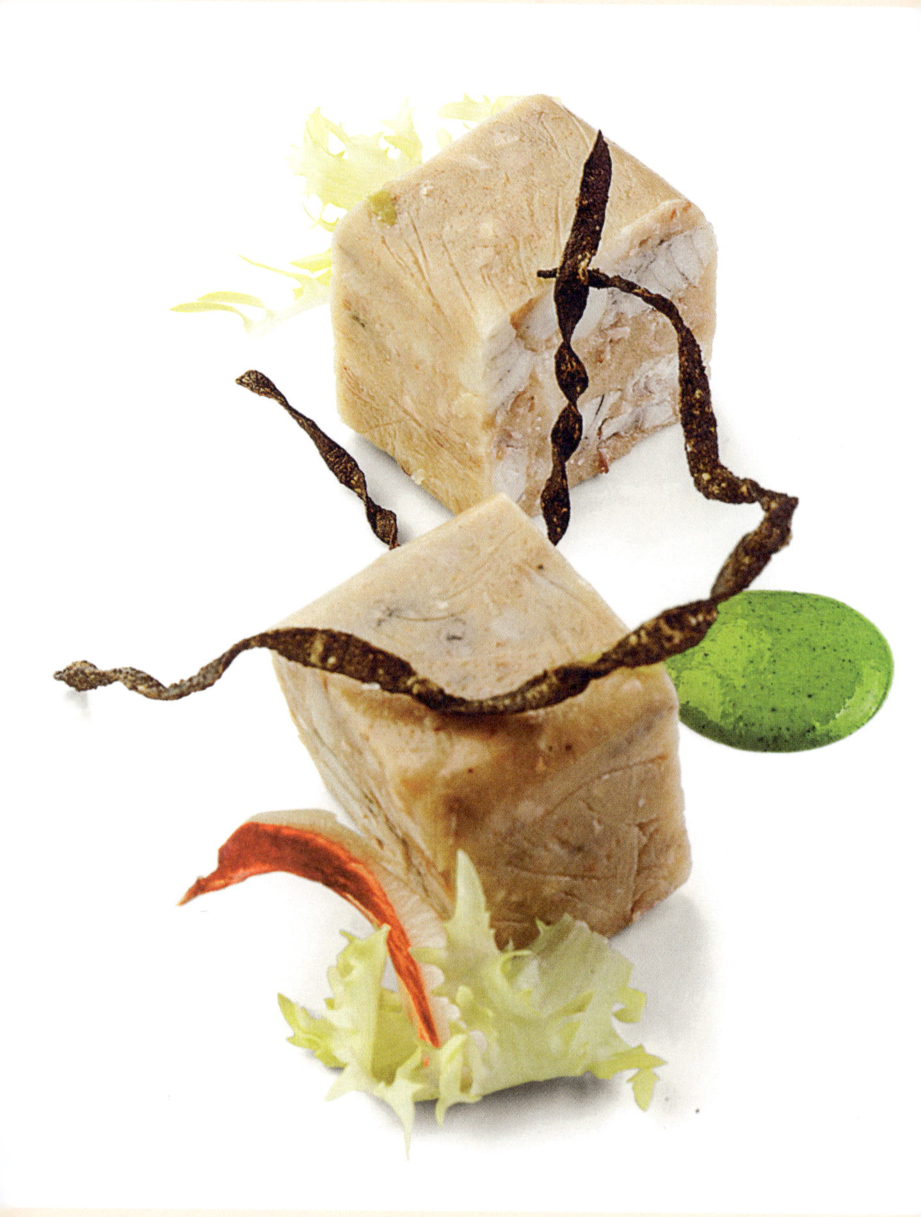

Burrida

Dosi per 4 persone

Ingredienti

- 1 gattuccio di mare intero
- 10 noci tritate
- 1 bicchiere di aceto
- 2 spicchi di aglio
- sale
- pepe

Per il court bouillon

- 3 l d'acqua
- 1 carota
- 1 costa di sedano
- 1 cipolla
- 1 ciuffo di prezzemolo
- 1 foglia di alloro
- vino bianco
- pepe in grani

Preparazione

- Pulire il pesce, tagliando la testa ed eviscerandolo, ma conservare i fegatini, che saranno fondamentali per la salsa. Tagliare il pesce a tranci e cuocerlo per 15 minuti circa nel court bouillon preparato portando a bollore in una pentola capiente tutti gli ingredienti.
- Scolare i tranci e poggiarli su una placca; con il pesce ancora caldo, levare la pelle e staccare le carni dalle lische, per poi conservarle coperte con la pellicola.

- Per la salsa, rompere i fegatini in una ciotola con l'aiuto di una forchetta. In una casseruola soffriggere gli spicchi d'aglio; quando iniziano a dorarsi, aggiungere i fegatini e farli insaporire, quindi bagnare con l'aceto, unire le noci tritate e continuare la cottura solo per qualche istante. Sistemare di sale e pepe.
- Foderare uno stampo per terrina con la pellicola, ricoprire il fondo con un po' di salsa e adagiarvi sopra le carni di gattuccio. Continuare alternando la salsa alla carne del pesce. Infine chiudere lo stampo e far riposare in frigorifero per almeno una notte. Porzionare e servire.

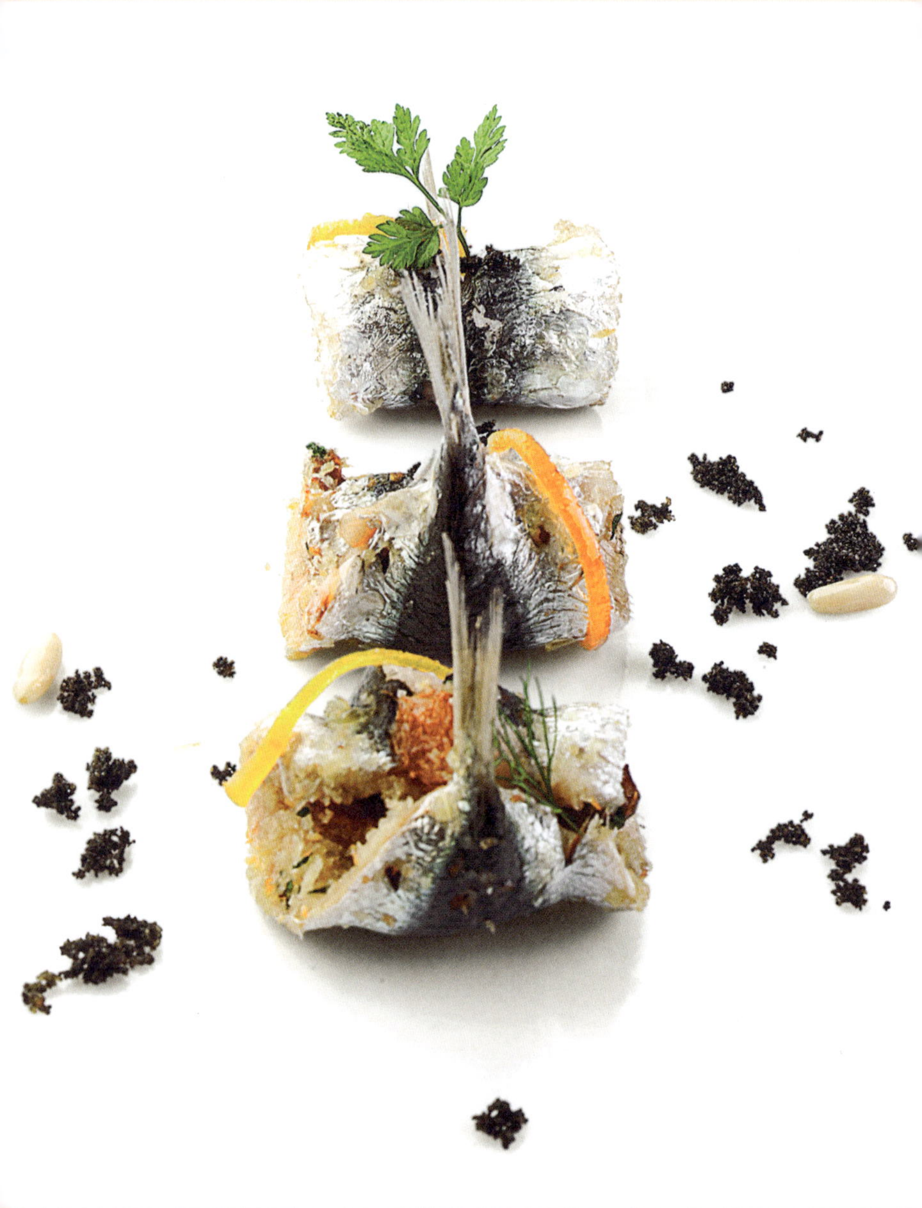

Sarde a beccafico

Dosi per 4 persone

Ingredienti

- 800 g di sarde di media grandezza
- 1 arancia matura
- 100 g di pangrattato
- 2 alici sott'olio
- ½ cipolla
- 25 g di uvetta
- 25 g di pinoli
- prezzemolo
- olio evo
- sale
- pepe

Preparazione

- Squamare le sarde, togliere la testa, eviscerarle e, aiutandovi con un coltello ben affilato, aprirle a libro lasciando la coda. Togliere la lisca centrale facendo attenzione a mantenere i due filetti attaccati tramite la pelle e rimuovere le spine rimaste.

Consiglio di non lavare le sarde sotto l'acqua dopo averle sfilettate per non rovinare le carni e annacquare il sapore.

- Lavare e tagliare a fettine sottili la ½ cipolla. Stufarla con un po' d'olio, quindi scolarla e farla raffreddare. Nella stessa padella mettere le alici e farle sciogliere. Poi aggiungere il pangrattato e tostarlo a fiamma bassa facendo attenzione a non farlo diventare troppo scuro. Spostare in un recipiente unendo la cipolla.

- A parte tostare i pinoli in una padella e intanto ammollare l'uvetta nel succo d'arancia.
- Unire al pangrattato i pinoli, l'uvetta ben strizzata, il prezzemolo tritato e un filo d'olio. Mescolare e sistemare di sale e pepe.
- Su un piano da lavoro stendere le sarde dalla parte della pelle, condirle con sale e olio e cospargerle con il composto preparato.
- Arrotolarle una alla volta tenendo la pelle all'esterno, partendo della testa e avendo cura di lasciare la coda in alto per poterla fermare con uno stuzzicadenti.
- In seguito posizionarle su una placca oleata, cospargerle con succo d'arancia e spolverarle con un altro po' di pangrattato.
- Cuocere in forno preriscaldato a 180° C per almeno 20 minuti. Sfilare gli stuzzicadenti prima di servire.

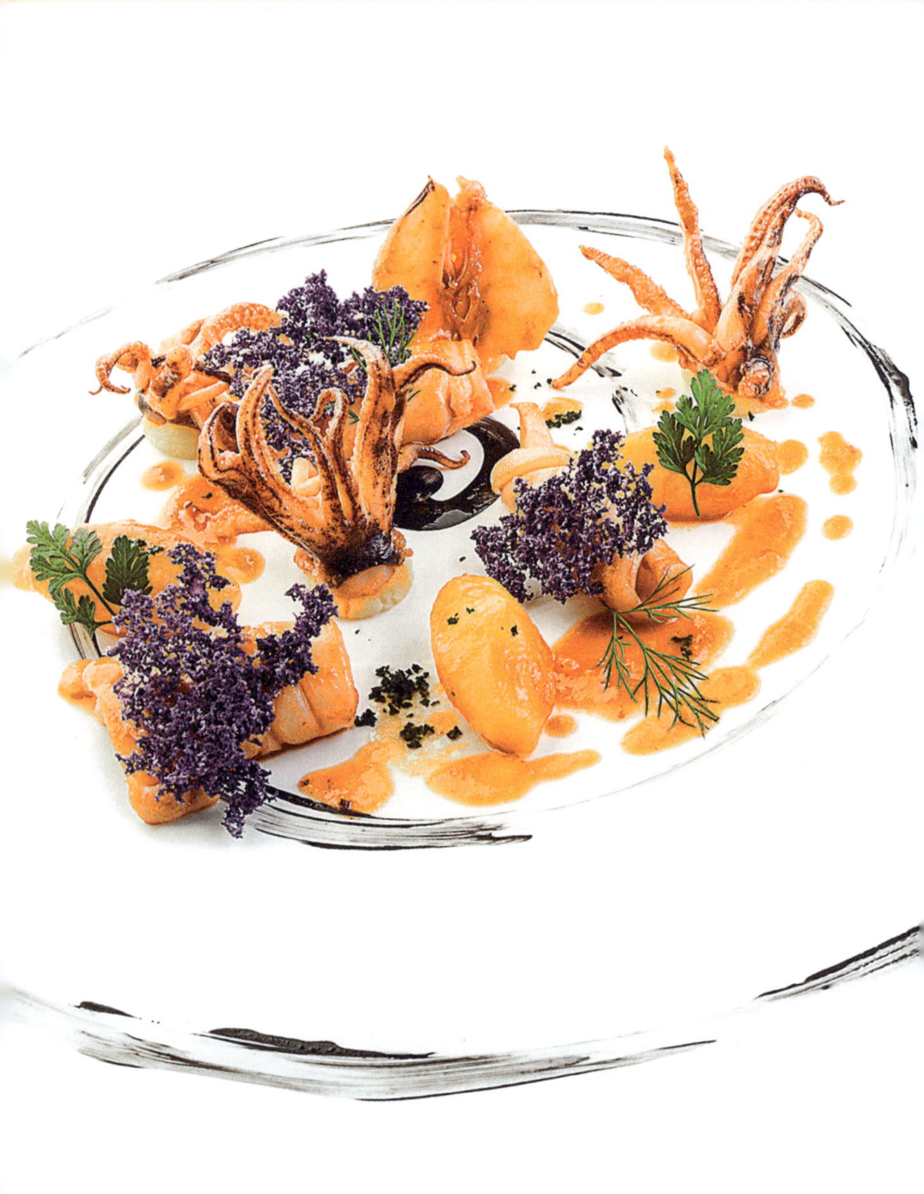

Totani e patate

Dosi per 4 persone

Ingredienti

- 1 kg di totani
- 600 g di patate rosse
- 300 g di passata di pomodoro
- 100 g di pomodori datterini
- 1 ciuffo di prezzemolo
- 1 spicchio di aglio
- 1 piccolo peperoncino secco
- vino bianco
- brodo vegetale
- olio evo
- sale
- pepe

Preparazione

- Separare il corpo dei totani dal ciuffo, pulire l'interno estraendo anche la parte cartilaginosa e togliere la pellicina esterna. Sciacquare bene sotto l'acqua corrente fredda e asciugare. Lavorare il ciuffo aiutandosi con un paio di forbici, tagliando proprio sotto gli occhi e poi togliendo la parte del becco.
- In una padella ben calda rosolare con un filo d'olio l'aglio, i gambi del prezzemolo e il peperoncino. Eliminare gli aromi e aggiungere i totani con un pizzico di sale. Farli insaporire lasciandone evaporare il liquido. Sfumare con il vino bianco; quando è evaporato aggiunge-

re le patate precedentemente pelate, lavate e tagliate a cubetti non troppo piccoli, per evitare che durante la cottura si sfaldino.

- Allungare con la passata di pomodoro e un po' di brodo vegetale e continuare la cottura per 20 minuti circa, sistemando di sale e pepe. Infine unire i pomodorini tagliati in quattro e cuocere per altri 10 minuti circa. Ultimare aggiungendo le foglie di prezzemolo tritate.

È UTILE SAPERE
Il pane quotidiano

Quando si invitano ospiti a casa, che si tratti di una cena informale oppure di un incontro piú elegante, non va mai trascurato l'aspetto del pane.

È la prima coccola che va riservata all'ospite, che certamente gradirà l'attenzione.

Se si hanno tempo e possibilità, l'ideale sarebbe fare il pane in casa, cosí come si usava in passato quando le massaie lo impastavano sapientemente e lo cuocevano nei grandi forni a legna.

Oggi nessuno avrà da ridire se ci faremo aiutare da un robot da cucina o da un'impastatrice e cuoceremo il pane nel forno della nostra cucina.

Ma per ottenere il risultato sperato va dedicata un'attenzione speciale agli ingredienti.

In particolar modo alle farine che sceglieremo.

Siano esse di frumento, ai cereali, raffinate o integrali, la cosa migliore è preferire farine macinate a pietra da acquistare direttamente dal produttore o in negozi che trattano prodotti biologici.

Attenzione poi al lievito che si utilizza.

Il processo della lievitazione è la base fondamentale che decreterà la riuscita del nostro pane ed è anche la piú delicata.

Sempre piú spesso oggi si sente parlare di lievito madre, che può essere un'ottima soluzione quando si scelga di realizzare un formato di pane molto grande che richiede una lunga cottura e a patto che si abbia la possibilità di effettuare una lievitazione di almeno 24-36 ore.

Se abbiamo poco tempo o desideriamo invece realizzare dei panini monoporzione, meglio indirizzarsi sul classico lievito chimico, che esaurisce la sua attività dopo massimo 12 ore di lievitazione.

È importante ricordare che a casa l'impasto va sempre tenuto al caldo, possibilmente coperto con canovacci umidi, per far sí che il lievito agisca in modo corretto.

Se non si ha la possibilità di preparare il pane in casa, vi consiglio di acquistarlo in botteghe che propongono prodotti particolari, artigianali e biologici, piuttosto che nella grande distribuzione, dove la scelta è ridotta e i prodotti sono massificati.

Insieme al pane, si può pensare di offrire anche qualche tipologia di focaccia e di grissino.

Al momento di servire il pane a tavola, ci si dovrà regolare in base alla tipologia dell'evento organizzato.

Per un incontro piú elegante si può posizionare un piattino accanto al piatto principale, su cui apporre una selezione di prodotti da forno.

Per una cena informale tra amici è bello presentare tutti i prodotti in cestini di stoffa o legno o, perché no?, in sacchetti di carta graziosamente decorati.

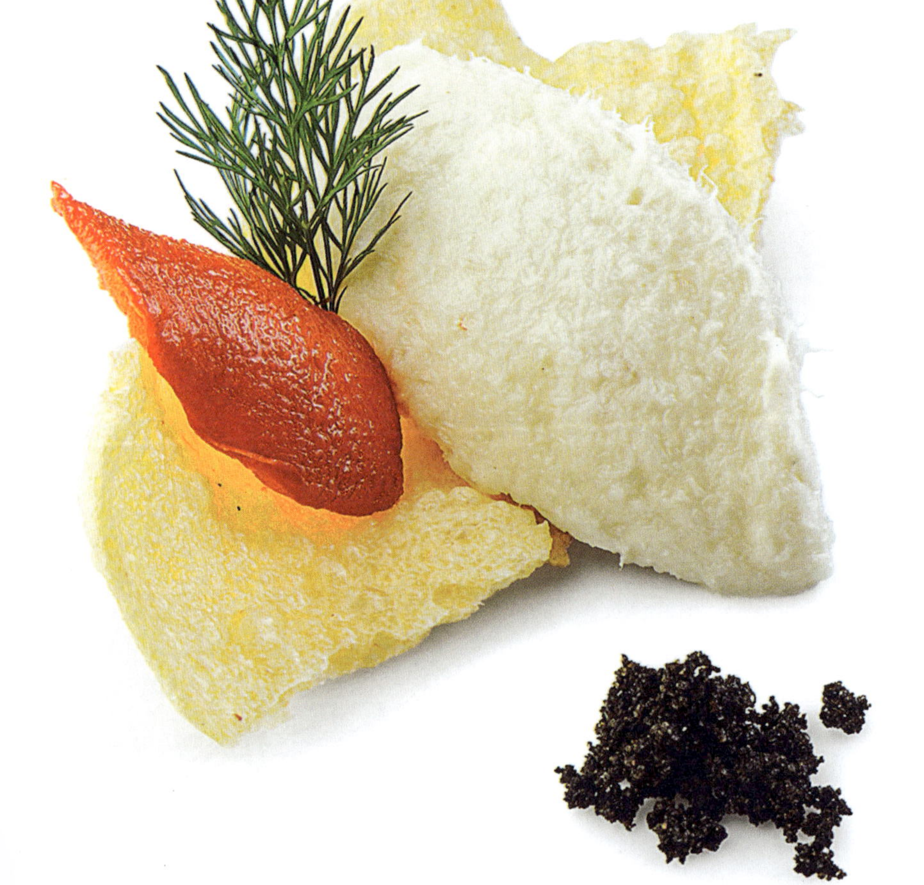

Baccalà mantecato

Dosi per 4 persone

Ingredienti

- 1,2 kg di baccalà dissalato e spinato
- 400 ml di latte
- 400 ml di panna fresca
- 2 spicchi d'aglio
- 300 g di patate
- 1 costa di sedano
- 1 foglia di alloro
- olio evo
- sale
- pepe

Preparazione

- In una casseruola far rosolare con un po' d'olio le patate pelate e tagliate finemente; aggiungere il latte e la panna, il sedano, la foglia di alloro, gli spicchi d'aglio pelati e senz'anima e portare a cottura.
- Appena le patate sono cotte unire il baccalà senza pelle e tagliato a tocchetti. Cuocere a fuoco basso per circa 20 minuti, quindi togliere la foglia di alloro, l'aglio e il sedano e scolare.
- Mettere baccalà e patate in una planetaria e, utilizzando il gancio a foglia, mantecare il composto aggiungendo l'olio a filo e sistemando di sale e pepe. Eventualmente, versare un po' del liquido di cottura. Se non si

dispone di una planetaria, si può mantecare il baccalà con lo stesso procedimento mescolando con un mestolo di legno.

> Il piatto classico non prevede l'utilizzo delle patate, ma io preferisco che ci siano, perché dànno maggiore cremosità e morbidezza e amalgamano meglio gli ingredienti.
> Le patate devono essere ben cotte per potersi disfare durante la mantecazione fino a creare un composto omogeneo.

Come servire / varianti

Ottenuto un composto morbido, il piatto è pronto per essere servito, magari accompagnato da una chip di polenta soffiata e un'insalatina di puntarelle, acciughe e limone.

Una variante di questa ricetta consiste nel mettere il baccalà in un sac à poche, formare dei cilindri e congelarli per 1 ora circa. In seguito impanarli passandoli nella farina, poi nell'uovo sbattuto e infine nella farina di polenta. Friggere le crocchette ottenute fino a renderle dorate.

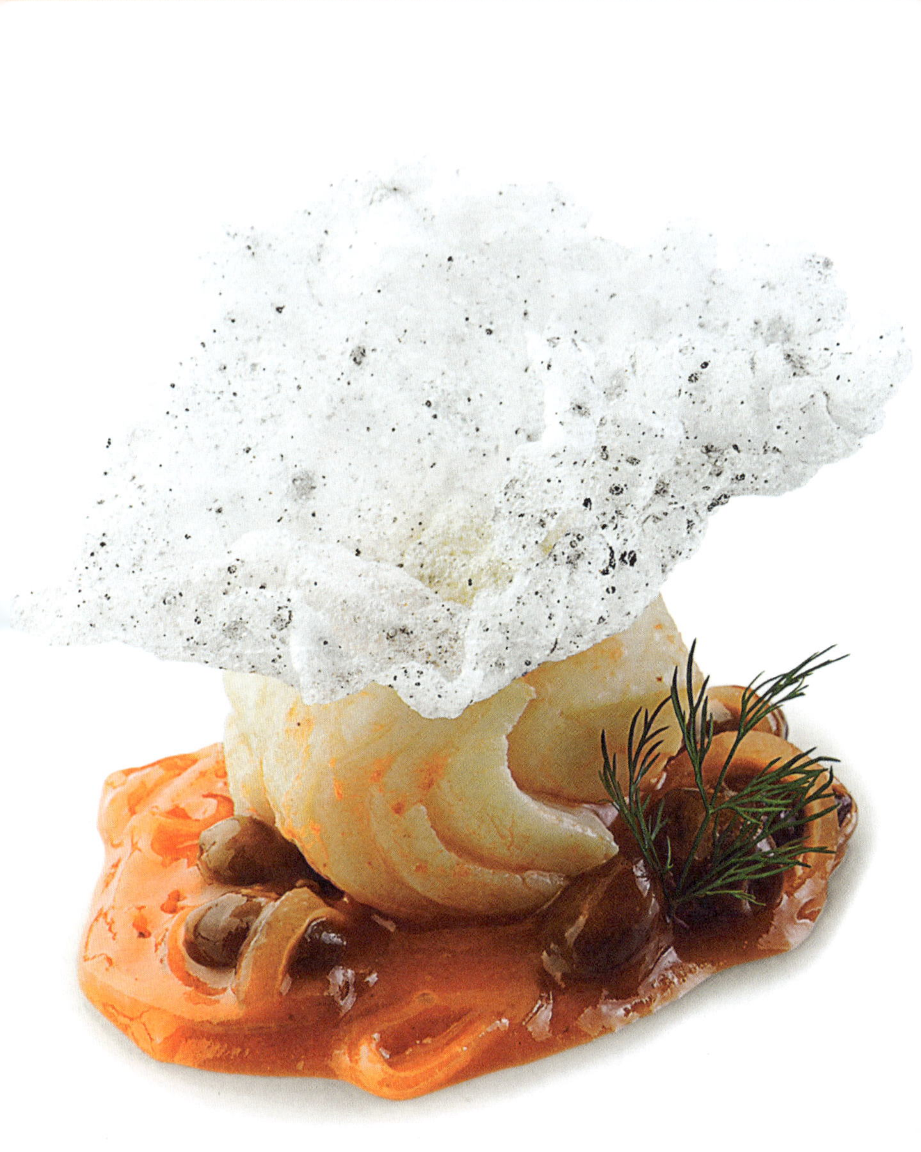

Baccalà in umido

Dosi per 4 persone

Ingredienti

- 500 g di baccalà dissalato e spinato
- 300 g di passata di pomodoro
- 100 g di olive taggiasche denocciolate
- 100 ml di vino bianco
- 1 cipolla bianca
- 1 mazzetto aromatico (maggiorana, timo, alloro)
- olio evo
- sale
- pepe

Preparazione

- In una casseruola capiente rosolare con un po' d'olio la cipolla sminuzzata. Aggiungere le olive (scolate dell'olio in eccesso) e il mazzetto aromatico e bagnare con il vino bianco. Far evaporare e in seguito versare la passata di pomodoro. Continuare la cottura a fuoco basso per far insaporire bene la salsa. Trascorsi almeno 15 minuti, unire i tranci di baccalà, quindi coprire la casseruola e ultimare la cottura a fuoco basso.
- Togliere il mazzetto aromatico, sistemare di sale e pepe e spostare i tranci di baccalà su un piatto piano, facendo attenzione a non sfaldarli.
- Attendere almeno 15 minuti prima di servire per omogeneizzare la cottura.

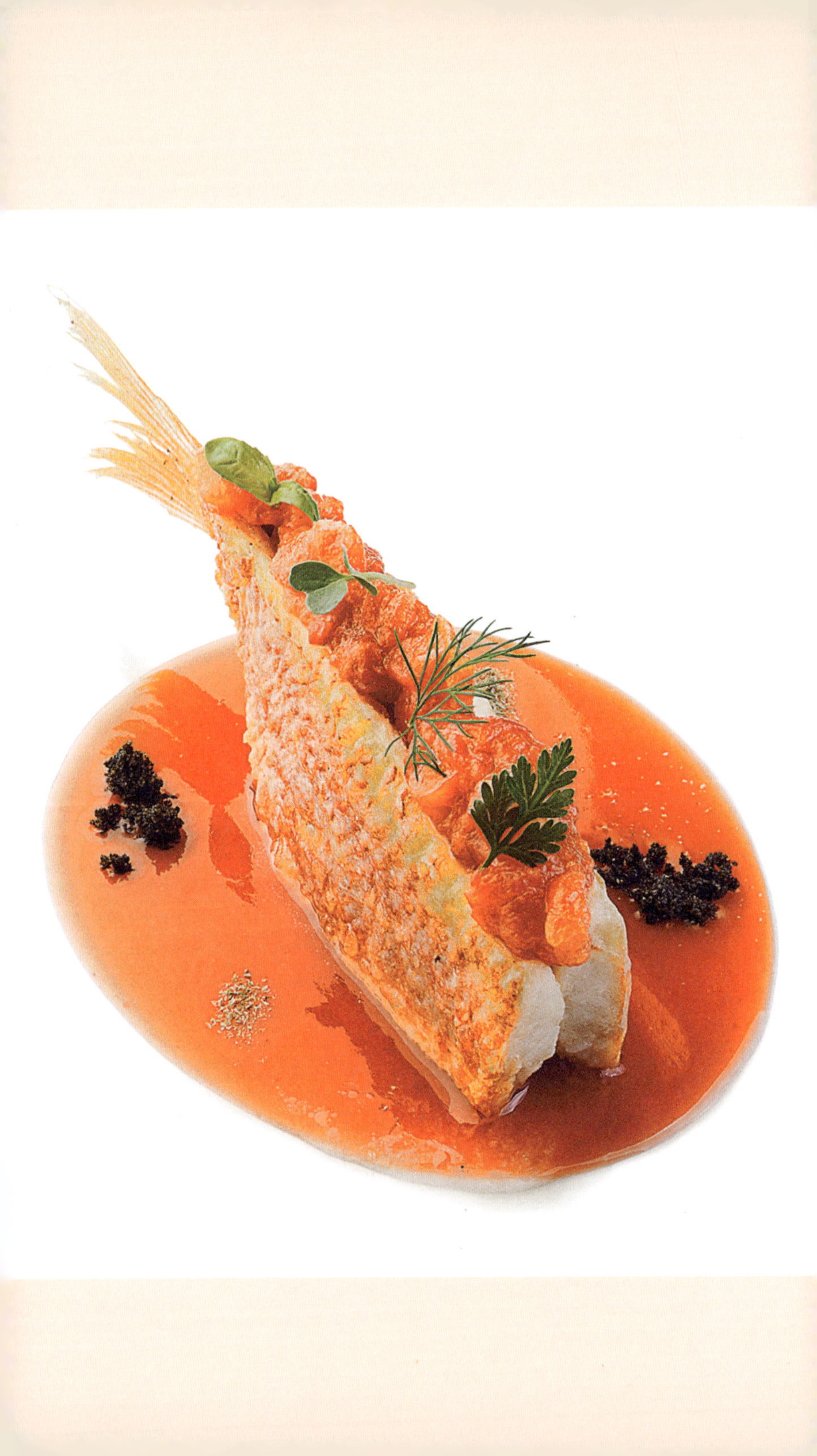

Triglie alla livornese

Dosi per 4 persone

Ingredienti

- 8 triglie
- 400 g di semola di grano duro
- 4 pomodori ramati
- 2 l di olio di semi di girasole
- 1 ciuffo di prezzemolo

Per la salsa

- 500 g di passata di pomodoro
- 200 ml di brodo vegetale
- 1 mazzo di basilico
- 1 testa d'aglio
- vino bianco
- olio evo
- sale
- pepe

Preparazione

- Squamare le triglie ed eliminare le teste. Togliere le interiora e, aiutandosi con un piccolo coltello affilato, sfilettare partendo dalla parte della testa e fermandosi un centimetro prima di arrivare alla coda, facendo attenzione a non separare i due filetti. Rimuovere la lisca centrale ancora attaccata alla coda tagliandola con un paio di forbici e con una pinza togliere le ultime spine. Asciugare in un panno carta. Conservare sia le teste sia le lische, che serviranno per la preparazione della salsa.

> Consiglio di non lavare le triglie sotto l'acqua dopo averle sfilettate per non rovinare le carni e annacquare il sapore.

- Panare le triglie passandole nella semola e friggerle in olio di semi a 170° C fino a che non prendono un bel colore dorato e non risultano croccanti al tatto. Asciugarle su un panno carta e salarle subito.
- Mi raccomando di non friggere troppe triglie insieme, altrimenti la temperatura dell'olio si abbassa, il pesce stracuoce, si perde la brillantezza della pelle e si sfaldano le carni.
- A parte, sbianchire i pomodori ramati in acqua salata, raffreddarli in acqua e ghiaccio, pelarli, dividerli in quattro, privarli dei semi e tagliarli a cubetti. In un contenitore condirli con olio, sale, prezzemolo tritato e pepe.

> In generale consiglio di non servire mai il pesce con le spine, ma so che ad alcuni piace portarlo a tavola intero, per esempio se cotto al sale o in crosta di pane, e farlo spinare ai commensali. Tuttavia, nel caso delle triglie, tra i pesci piú ricchi di spine, questo è impossibile, perché sono troppo difficili da pulire ed è quindi meglio servirle già spinate.

Per la salsa

- Lavare le lische e le teste private delle branchie sotto abbondante acqua fredda e scolarle.
- In una casseruola far rosolare l'aglio e i gambi di prezzemolo con un po' d'olio, aggiungere le lische e le teste

e tostarle fino a che non si sfaldano. Sfumare con il vino bianco e, una volta che è evaporato, versare il brodo vegetale e coprire con la passata di pomodoro. Aggiungere il mazzetto di basilico lasciando qualche fogliolina per decorare il piatto. Terminata la cottura, filtrare e sistemare di sale e pepe.

Come servire

In ogni piatto posizionare due triglie sulla salsa e sopra disporre l'insalatina di pomodoro.

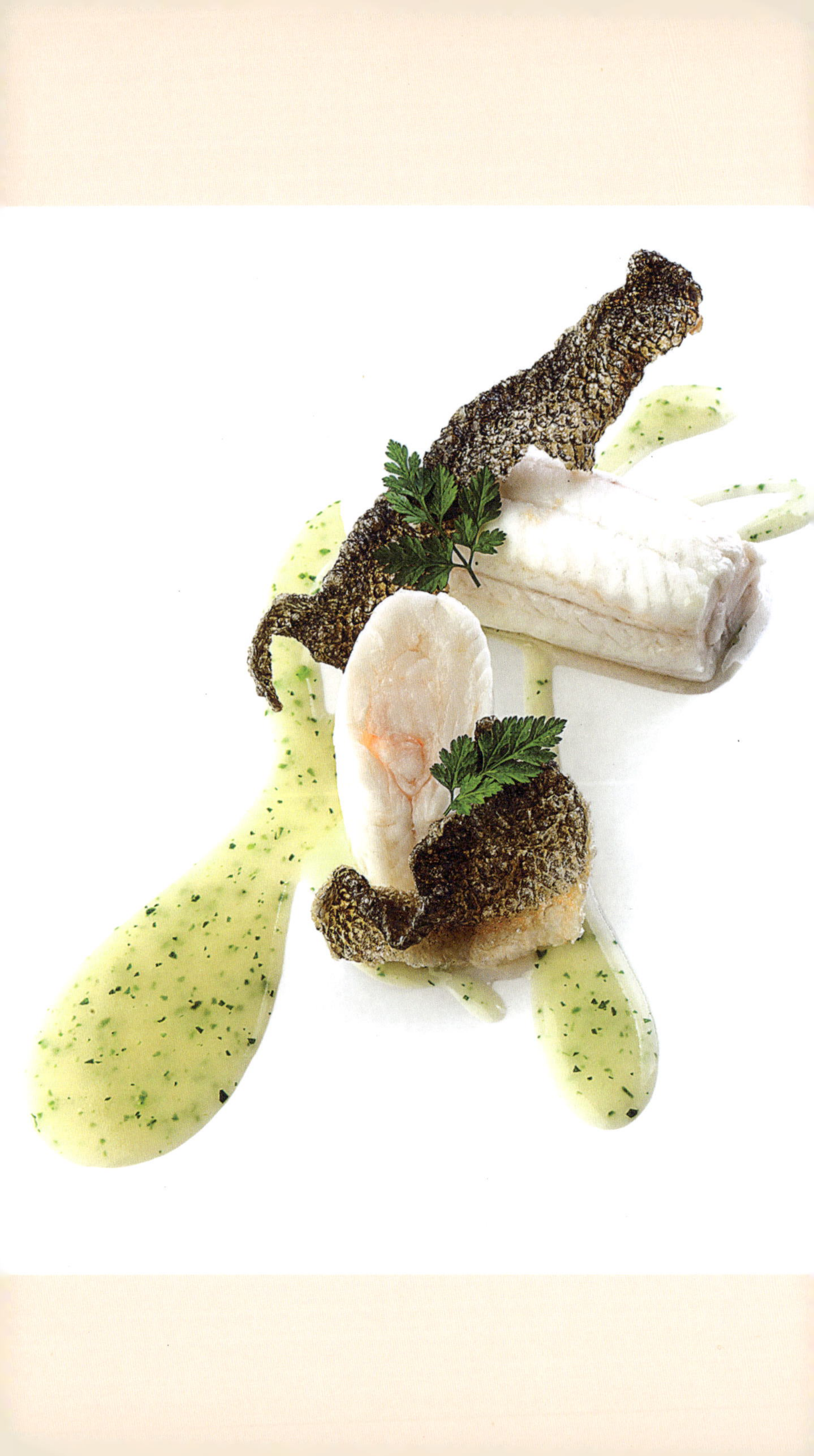

Sogliola alla mugnaia

Dosi per 4 persone

Ingredienti

- 4 sogliole
- 150 g di burro
- farina 00
- 1 ciuffo di prezzemolo
- il succo di 1 limone
- 1 spicchio d'aglio
- olio evo
- sale
- pepe

Preparazione

- Lavare le sogliole sotto l'acqua fredda corrente, asciugarle e con l'aiuto di un paio di forbici tagliare le spine laterali. Sfilettare e togliere la pelle, quindi infarinare i filetti.

  Attenzione: le sogliole hanno 4 filetti, due per parte, quindi per porzionarle è necessario iniziare a incidere dalla parte della testa, continuando per il centro e procedendo verso la coda.

- In una padella scaldare l'aglio con un po' d'olio, sciogliere il burro e unire i filetti, facendoli dorare prima da una parte e poi dall'altra.

> Se notate che la temperatura si sta alzando troppo, col rischio di bruciare il pesce, aggiungete un altro po' di burro freddo e continuate la cottura.

- Togliere dalla padella i filetti di sogliola e tenerli in caldo coprendoli con l'alluminio. Deglassare la padella con il succo di limone, sistemare di sale e pepe e, una volta che la salsa si è addensata leggermente, aggiungere il prezzemolo tritato. Se la salsa inizia a separarsi, versare una quantità minima d'acqua e riportare a bollore mescolando.

Come servire

Adagiare i filetti di sogliola sul piatto e napparli con la salsa.

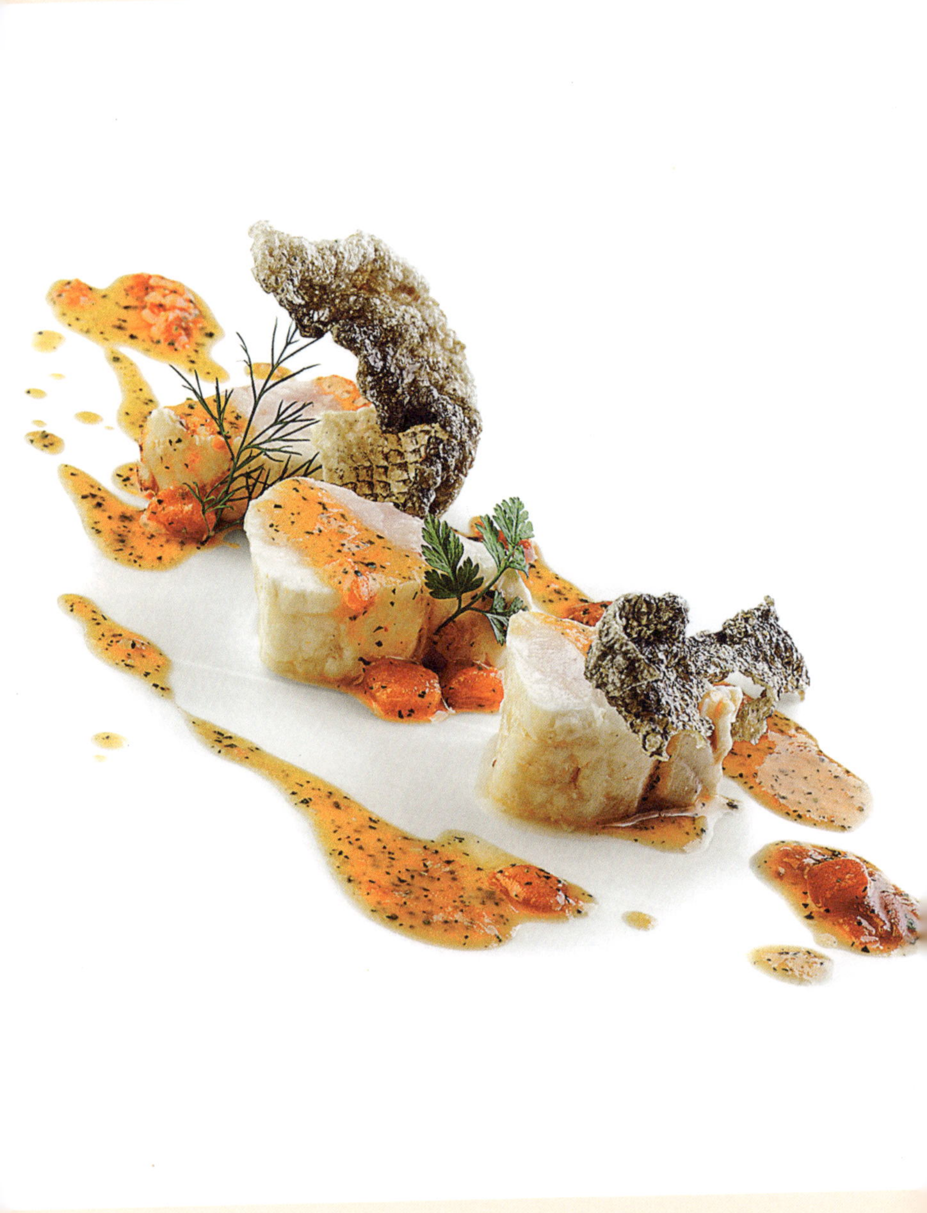

Scorfano all'acqua pazza

Dosi per 4 persone

Ingredienti

- 1 scorfano
- 400 g di pomodorini datterini
- 1 cipolla
- 1 costa di sedano
- 2 spicchi d'aglio
- 1 ciuffo di prezzemolo
- 1 mazzo di basilico
- vino bianco
- olio evo
- sale
- pepe

Preparazione

- Squamare, eviscerare e togliere la testa allo scorfano. Sfilettare lasciando attaccata la pelle e spinare i filetti con l'aiuto di una pinza. Condire con sale e pepe.
- Togliere le branchie e gli occhi dalla testa dello scorfano: conferirebbero al piatto un sapore troppo forte e amaro. Con l'aiuto di un paio di forbici, tagliare in pezzi sia la testa sia la lisca. Lavarle sotto l'acqua corrente fredda e scolarle.
- Mondare, lavare e tagliare a cubetti la cipolla, il sedano e l'aglio e farli rosolare in una casseruola con olio e prezzemolo. Unire la lisca e la testa in pezzi e farle tostare fino

a che non si sfaldano. Sfumare con il vino bianco e, quando è evaporato, versare acqua fredda, meglio se con alcuni cubetti di ghiaccio, fino a coprire completamente il tutto.
- Portare a bollore, eliminare la schiuma che si è formata in superficie e cuocere a fuoco basso per altri 40 minuti circa. Far riposare qualche istante e filtrare il tutto allo chinois. Infine aggiungere alcune foglie di basilico, che profumeranno il nostro brodo all'acqua pazza.

> Sono dell'idea che in cucina siano poche le cose da scartare. Nelle ricette con il pesce, per esempio, possono essere utilizzate anche le lische e le teste e se ne può fare un buon brodo che andrà a valorizzare il risultato finale.

- In una casseruola pulita o in una padella antiaderente, scottare il pesce solo dalla parte della pelle con un filo d'olio, per concentrarne il gusto. Non appena la pelle diventa croccante, spostare i tranci su una placca e coprirli con l'alluminio.
- Nella stessa casseruola rosolare l'aglio con un po' d'olio. Unire i pomodorini tagliati in quattro e farli appassire, poi aggiungere un po' di brodo, il basilico restante e portare a bollore. Far ridurre leggermente per esaltare il sapore. Scottare i filetti appoggiandoli nella salsa di pomodorini con la pelle verso l'alto, facendo attenzione a non bagnarla.
- Ultimare la cottura a fuoco basso. Aggiungere il prezzemolo tritato e servire.

Le storie di Antonino

Mangiare è sempre una festa

Sono cresciuto vicino a Napoli, e a Napoli ogni scusa è buona per far festa. E qual è il modo migliore per far festa se non mangiare?

Nella mia città, almeno finché ero giovane io, l'onomastico era piú importante del compleanno. È infatti una festa religiosa e facile da ricordare, basta guardare il calendario per farsi venire in mente almeno una decina di persone che nel rione portano quel nome. Il giorno del tuo onomastico a Napoli non puoi uscire, perché ti toccherà brindare con tutti, o almeno pagare il caffè. Ma cosa c'è di piú bello, in fondo, della tradizione e del modo in cui il cibo la tiene viva?

Quando ero piccolo, c'erano cibi che si consumavano solo in determinati periodi dell'anno, legati a specifiche celebrazioni. Parte del gusto stava proprio nell'attesa: quei prodotti li sognavi per tutto l'anno e quando l'occasione di mangiarli si avvicinava avvertivi già l'acquolina in bocca. Soprattutto, c'era una coincidenza assoluta tra un preciso sapore e una precisa festa, tanto che ancora oggi per me il capitone fritto significa Capodanno, il baccalà in umido rappresenta la vigilia di Natale e certi salumi mi fanno pensare alle indimenticabili feste del maiale della mia infanzia.

All'uccisione del maiale seguiva un periodo di grande lavoro per preparare salsicce, insaccati e cosí via, ecco perché dopo si festeggiava: gli uomini bevevano un bicchiere in piú, i bambini giocavano in strada, lo zio ti regalava una banconota da mille lire per comprarti quello che volevi. Assomigliava a una festa patronale, quando l'atmosfera di una data si trasferisce direttamente sulla tavola; è un'abitudine che oggi si è un po' persa, ma io tendo a pensare che ogni volta che si cucina, che si dà da mangiare a qualcuno, sia un momento di festa. In fondo, è questo che mi hanno insegnato non solo i miei genitori, ma la comunità stessa in cui sono cresciuto. Quando mio padre andava a funghi e tornava con il cavagno pieno, mia madre già sapeva che avremmo invitato gente a cena; succedeva cosí anche se pescava: un'attività ricreativa, come passeggiare nel bosco o fare immersione, si trasformava nella possibilità di un tempo conviviale.

D'inverno il camino invogliava a piccoli spuntini: sul suo bordo, magari in una piccola griglia, era possibile mettere a cuocere del pane con dentro pomodoro, mozzarella e prosciutto; oppure una salsiccia, che perdeva il suo grasso lentamente, e la pelle del pollo, che diventava sana e croccante. Intanto, sulla stufa, la casseruola pareva «viaggiare»: man mano che la temperatura aumentava, la nonna la spostava, cosí che la cottura non fosse violenta e il ragú potesse «pippiare», sobbollendo per ore.

Sono le nostre nonne ad aver inventato la cottura a basse temperature!

D'estate, poi, non si cenava mai da soli a casa propria, si andava sempre da qualcuno, o si avevano ospiti: io ne ero felice, perché si stava in compagnia, a ridere e tirar tardi.

È per questo che, se organizzi una cena a casa tua, ti consiglio di ricordare quell'euforia che ti elettrizzava da bambino e di seguire qualche piccola regola. Per esempio, l'aperitivo favorisce la conversazione e rompe il ghiaccio. L'abbondanza è sempre apprezzata: fa' in modo che i tuoi ospiti non si sentano in imbarazzo, temendo di prendere una fetta di salame o di dolce in piú. Preparati una base il giorno prima, cosí la sera della cena non arriverai sfinito e potrai dedicarti solo a quello che è indispensabile ultimare al momento. E non dimenticare mai un tocco personale, una sorpresa, se l'occasione la richiede.

All'ultimo compleanno di mio padre gli abbiamo regalato un Barolo del 1949, l'anno della sua nascita, e lui si è commosso, ci siamo commossi tutti. Allora ho pensato: ecco cos'è la cucina, un modo per rinforzare la felicità, per non svenderla.

Secondi di carne

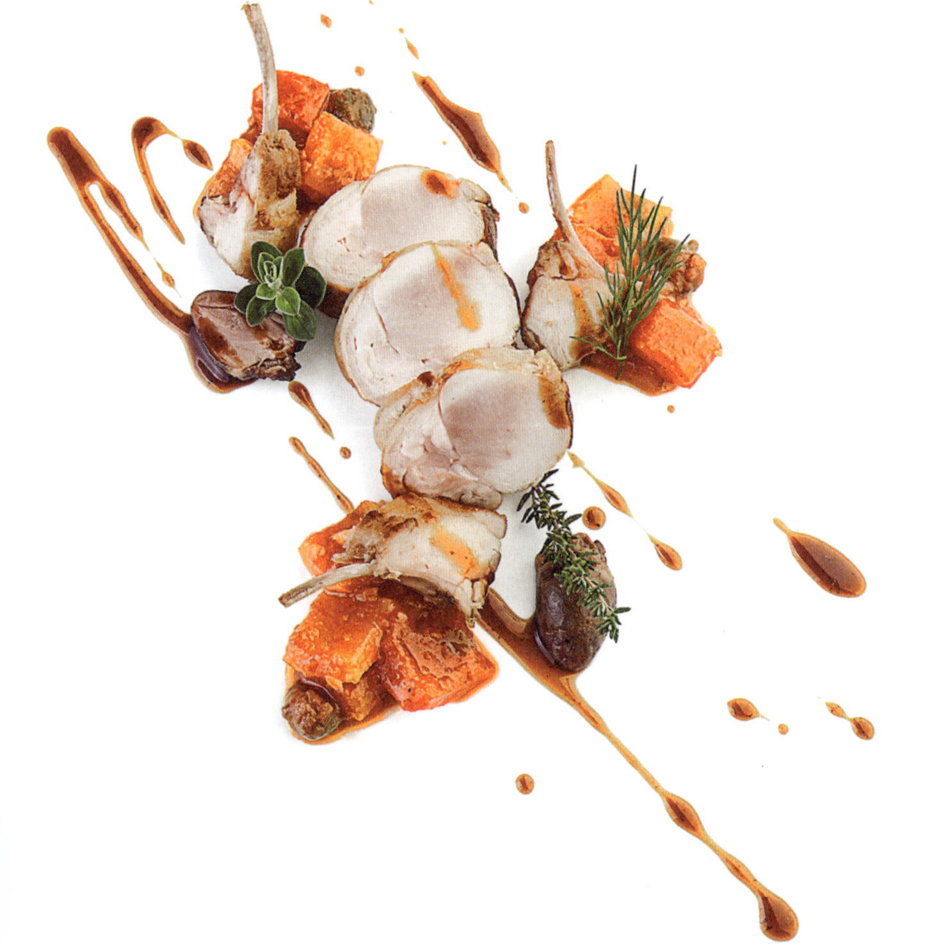

Coniglio ai peperoni

Dosi per 4 persone

Ingredienti

- 1 coniglio già spellato e tagliato in pezzi
- 100 g di olive denocciolate
- 20 capperi dissalati
- 400 g di passata di pomodoro
- 80 g di lardo
- 1 l di brodo vegetale
- 200 ml di vino bianco
- 1 peperone giallo
- 1 peperone rosso
- 1 scalogno
- 1 ciuffo di prezzemolo
- 1 mazzetto aromatico (timo, alloro, maggiorana)
- olio evo
- sale
- pepe

Preparazione

- Condire il coniglio in pezzi con sale e pepe. Rosolarlo in una casseruola ben calda con il lardo tagliato a cubetti e un filo d'olio, poi sfumare con il vino bianco e aggiungere la passata di pomodoro, i capperi, le olive e il mazzetto aromatico. Coprire e cuocere a fuoco lento per circa 1 ora. Versare il brodo vegetale caldo poco per volta.
- Lavare i peperoni e pulirli dividendoli in due parti e privandoli del picciolo, dei semi e delle parti bianche. Tagliarli a cubetti.

- A parte, rosolare con un filo d'olio lo scalogno tritato, aggiungere i peperoni e saltarli aggiustando di sale e pepe. Quando sono ancora croccanti unirli alla carne e ultimare la cottura. È importante non farli cuocere troppo per non rischiare di sfaldarli.

> Se amate le interiora vi consiglio di pulirle e farle rosolare in una padella con un po' di burro, sale, pepe e aromi, e di aggiungerle al coniglio all'ultimo momento.

- Togliere il mazzetto aromatico, spolverare con il prezzemolo, sistemare di sale e pepe e servire.

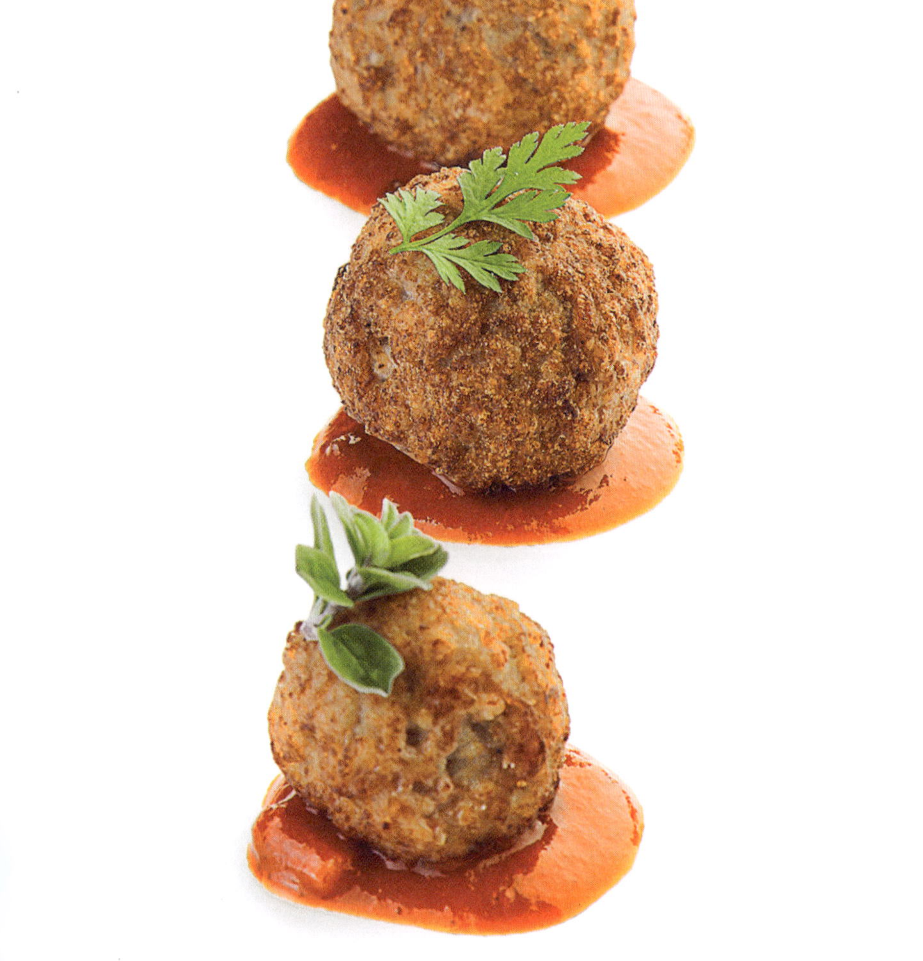

Polpette di carne

Dosi per 4 persone

Ingredienti

- 400 g di carne macinata di manzo
- 200 g di carne macinata di salsiccia di maiale
- 4 fette di pancarrè
- 100 ml di latte
- 2 uova
- 1 ciuffo di prezzemolo
- 80 g di parmigiano
- noce moscata
- 1 cipolla
- 1 rametto di rosmarino
- timo
- 1 foglia di alloro
- 500 g di passata di pomodoro
- vino bianco
- olio evo
- sale
- pepe

Preparazione

- In una ciotola capiente lavorare le due carni con le uova, il parmigiano, una grattata di noce moscata, le fette di pane precedentemente ammollate nel latte e strizzate, il prezzemolo tritato, sale, pepe e un filo d'olio. Amalgamare gli ingredienti e formare le polpette.
- Rosolarle in una casseruola con un filo d'olio, poi aggiungere gli aromi e la cipolla già mondata e tritata. Sfu-

mare con il vino e, una volta che è evaporato, versare la passata di pomodoro. Terminare la cottura sistemando di sale e pepe e servire.

> Se in una ricetta dobbiamo portare a cottura carne e verdura insieme (in questo caso la cipolla), è meglio prima scottare la carne e solo in seguito aggiungere e rosolare le verdure, abbassando la temperatura per evitare che si brucino.

Varianti

In alternativa le polpette si possono stufare senza la passata di pomodoro ma aggiungendo solo un po' di brodo.
Oppure si possono infarinare e friggere in olio di semi caldo, per poi essere consumate in abbinamento a delle salse; oppure, una volta fritte, possono essere immerse nella passata di pomodoro.

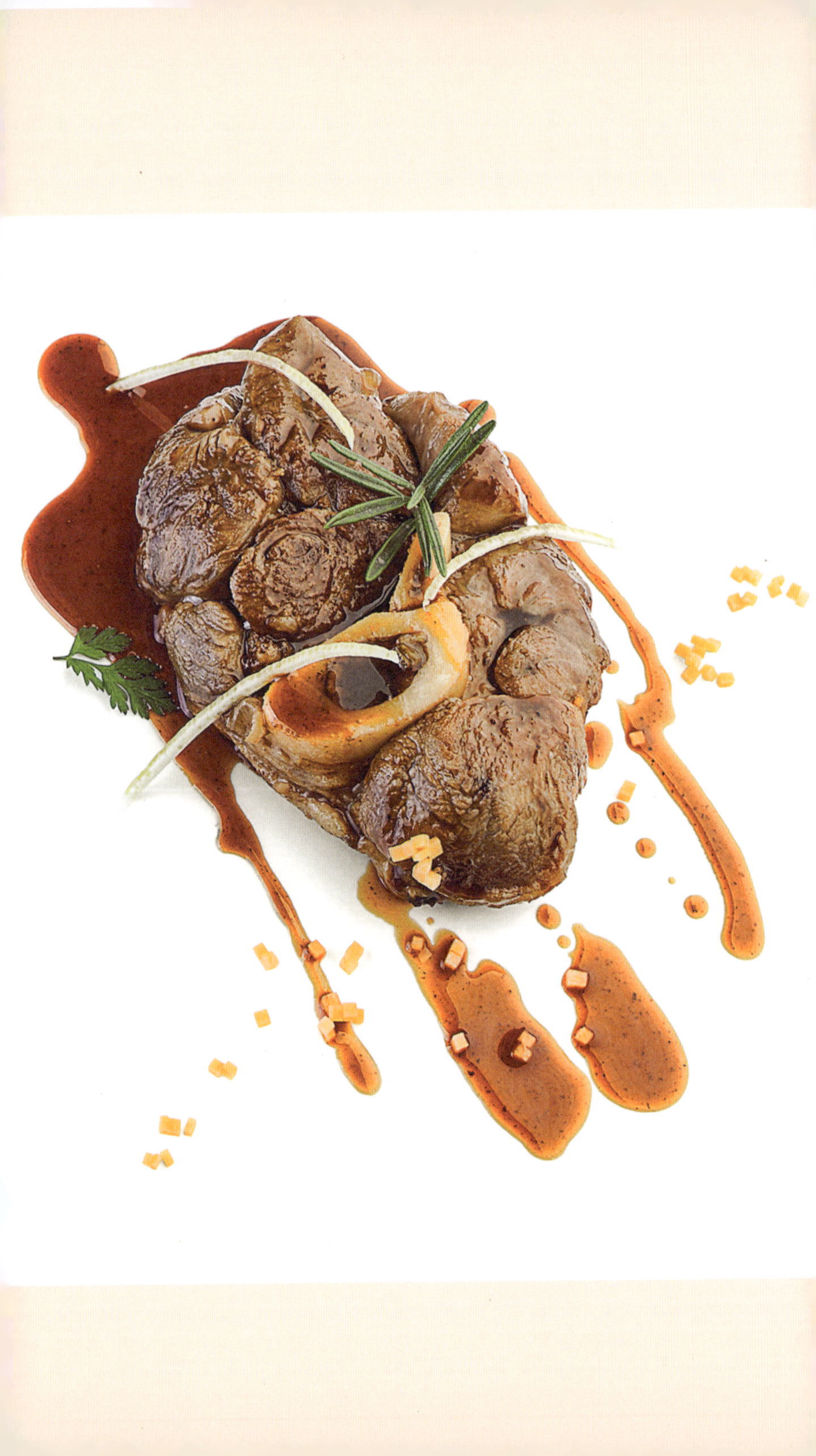

Ossobuco alla milanese

Dosi per 4 persone

Ingredienti

- 4 pezzi di stinco di vitello alti almeno 4 cm
- 150 g di farina 00
- 100 g di passata di pomodoro
- 100 g di burro
- 1 costa di sedano
- 1 cipolla
- 1 carota
- 1 spicchio d'aglio
- 1 l di brodo vegetale
- 1 limone non trattato
- 1 ciuffo di prezzemolo
- 1 mazzetto aromatico (timo, alloro, maggiorana)
- vino bianco
- olio evo
- sale
- pepe

Preparazione

- Lavare e mondare le verdure. Preparare una piccola dadolata e rosolarla in una casseruola capiente con un po' d'olio, l'aglio privato dell'anima, il burro e il mazzetto aromatico.

Un consiglio: prima di procedere nella ricetta, incidere leggermente la parte esterna della carne con la punta di un coltello, per evitare che si arricci durante la cottura.

- Infarinare gli stinchi di vitello e batterli leggermente per far cadere la farina in eccesso.
- Scottarli da ambo i lati in una padella calda con un po' d'olio. Quando sono dorati, sistemare di sale e pepe e trasferirli nella casseruola con le verdure rosolate. Lasciar insaporire continuando la cottura, poi sfumare con il vino bianco e, una volta che è evaporato, aggiungere la passata di pomodoro e allungare con il brodo vegetale (il brodo va aggiunto gradualmente, senza mai ricoprire completamente la carne, in modo che la cottura sia brasata e non bollita).
- Coprire e proseguire la cottura per 1 ora - 1 ora e un quarto, sistemando man mano di sale e pepe.
- A parte lavare il limone e pelarlo con l'aiuto di un pelapatate. Tagliare la scorza in piccoli cubetti, dopo aver rimosso la parte bianca con l'aiuto di un coltellino; poi riporla in un contenitore insieme al prezzemolo tritato.
- Spolverare con questa gremolada prima di servire l'ossobuco.

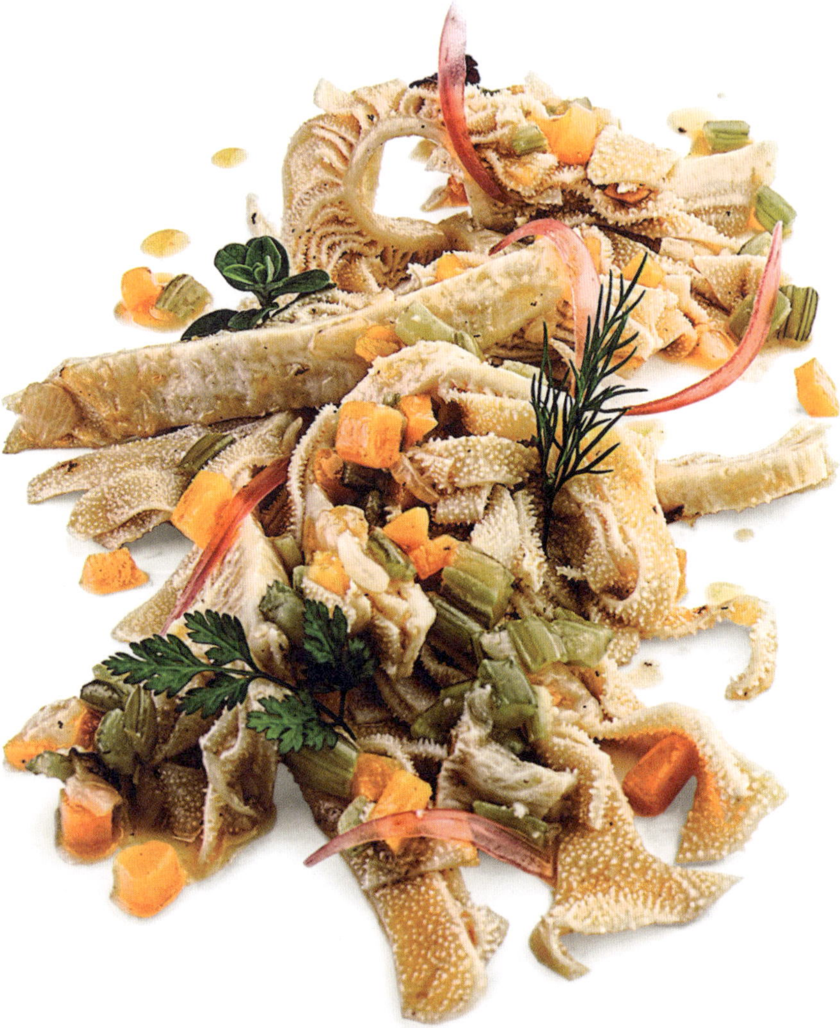

Trippa di vitello

Dosi per 4 persone

Ingredienti

- 500 g di trippa di vitello
- 100 g di passata di pomodoro
- 250 ml di brodo vegetale
- 100 g di parmigiano grattugiato
- 100 ml di vino bianco
- 1 carota
- 1 costa di sedano
- 1 cipolla bianca
- 1 spicchio di aglio
- 1 peperoncino
- 1 mazzetto aromatico (alloro, salvia, rosmarino, timo)
- olio evo
- sale
- pepe

Preparazione

Chiedete al macellaio di fiducia la trippa già pulita e sbianchita. Se però volete essere voi a occuparvene, vi spiego come procedere.
Innanzitutto lavare e strofinare accuratamente la carne. In una pentola portare a ebollizione 2 l d'acqua con 300 ml di aceto, 200 ml di vino, 1 foglia di alloro, pepe in grani e sale grosso. Immergere la trippa e continuare la cottura per circa 30 minuti. Scolarla e farla intiepidire. Lavarla bene sotto l'acqua corrente e asciugarla.

- Mondare, lavare e tagliare a cubetti la cipolla, la carota e il sedano. Rosolarli in una casseruola con un filo d'olio, il mazzetto aromatico, il peperoncino tritato e lo spicchio d'aglio. Dopo averla tagliata a listarelle aggiungere la trippa e farla insaporire. Sfumare con il vino bianco e, una volta che è evaporato, versare la passata di pomodoro.
- Coprire e continuare la cottura per 1 ora circa, mescolando e aggiungendo del brodo caldo all'occorrenza. Sistemare di sale e pepe.
- Prima di servire mantecare con il parmigiano e un filo d'olio evo.

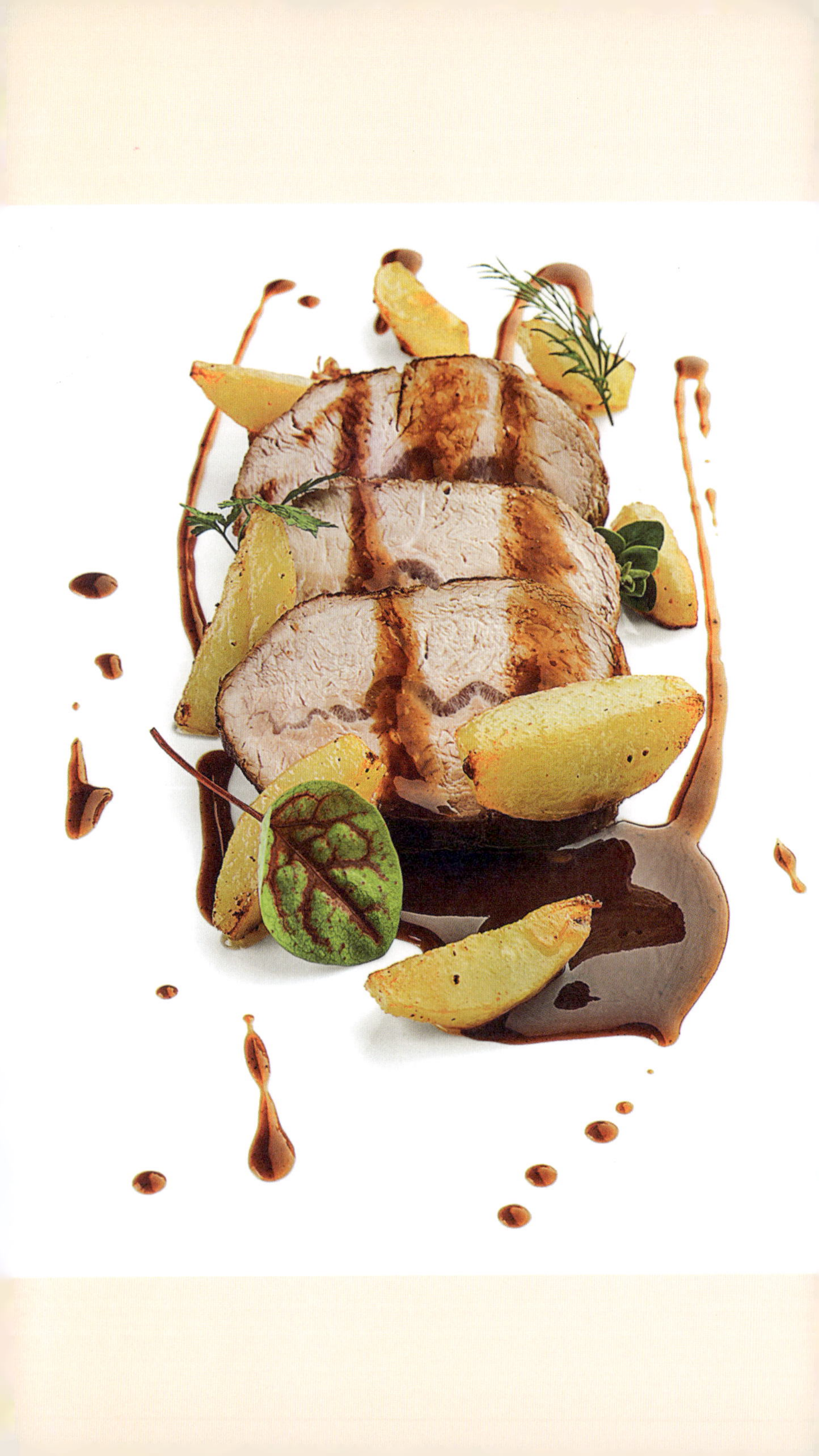

Arrosto di vitello

Dosi per 4 persone

Ingredienti

- 1 kg di arrosto di vitello
- 1 rametto di rosmarino
- 1 rametto di timo
- 2 foglie di alloro
- 2 spicchi d'aglio
- 1 l di brodo vegetale
- 200 ml di vino bianco
- burro
- olio evo
- sale
- pepe

Preparazione

- Legare l'arrosto con lo spago da cucina per renderlo piú regolare e condirlo con olio, sale e pepe. Rosolarlo con un po' d'olio in una casseruola non troppo ampia, adatta anche al forno, girandolo man mano per cuocere uniformemente tutta la superficie. Sfumare con il vino e, una volta che è evaporato, aggiungere un po' di brodo vegetale e gli aromi e spostare la casseruola in forno a 180° C per 1 ora e mezza circa.
- Durante la cottura aggiungere poco per volta il brodo vegetale e girare spesso l'arrosto, per evitare che la carne si attacchi e bruci.

- Togliere l'arrosto dalla casseruola e lasciarlo riposare coperto da un foglio di alluminio.

> Far riposare le carni dopo averle cotte e prima di porzionarle serve a distribuire i succhi, che il calore ha compresso al centro, in tutte le parti dell'alimento.

Per la salsa
- Rimettere la casseruola sul fuoco eliminando gli aromi e aggiungendo del brodo vegetale e un po' di burro. Ridurre fino a raggiungere la consistenza desiderata e sistemare di sale e pepe. Filtrare.

> Un taglio che si presta bene a questa preparazione è la copertina di spalla di vitello.

Come servire

Affettare l'arrosto e versarvi sopra la salsa.

Se volessimo preparare anche un contorno, a metà cottura potremmo aggiungere direttamente nella casseruola con il nostro arrosto delle verdure a cubetti o degli spicchi di patate.

È UTILE SAPERE
Quattro chiacchiere sul bere

Il vino
Innanzitutto, in casa non dovrebbe mai mancare una selezione di bollicine dalle caratteristiche diverse. Molto duttile è, per esempio, il prosecco, che va bene per qualsiasi evenienza, dagli aperitivi piú semplici ai miscelati come Bellini e Rossini. Spumanti italiani come Franciacorta, Trento o Altalanga, sono acquistabili al momento in base alla serata, cosí come lo champagne e i grandi millesimati.

Per accompagnare i piatti in modo adeguato è sufficiente seguire alcune semplici regole. La prima è: non abbiate paura del vostro gusto personale. Il vino lo preferite piú aromatico, fruttato, secco, strutturato, elegante? Sceglietelo cosí. La seconda è l'abbinamento su base territoriale. Ad esempio piatti piemontesi prediligono vini piemontesi come Arneis, Timorasso, Nebbiolo o Barbera. Cibi mediterranei, invece, vini dalla spiccata morbidezza e con un buon tenore alcolico e acidità come Fiano, Falanghina o Grillo.

Evitate i vini leggermente frizzanti: non esistono in natura e sono frutto di rifermentazione o aggiunta di anidride carbonica.

La cantina è sempre il luogo ideale dove tenere il vino. Se non ne disponiamo, possiamo ovviare con un frigo vetrina (ce ne sono di economici) in cui conservarlo a una temperatura costante: 8-10° per i bianchi, 15-18° per i rossi.

Un ultimo consiglio: evitate di servire vini troppo freddi, si perde tutto il bouquet.

La birra

La birra, bevanda notoriamente molto diffusa nei Paesi del Nord Europa, sta trovando sempre piú spazio anche sulle nostre tavole. In generale, l'abbinamento migliore è con il formaggio, ma se la birra è bianca, si sposa bene anche con frutti di mare e crostacei, se è scura, con ostriche e molluschi.

Negli ultimi anni, in tutta Italia sono nati numerosi, eccellenti, piccoli birrifici, quindi possiamo tranquillamente indirizzarci verso produzioni locali.

Come per il vino, la scelta va compiuta in base al tema della serata. Vi faccio alcuni esempi: per lo stinco di maiale brasato, una doppio malto ambrata; per uno stracotto di selvaggina, una birra al caffè; per un dessert a base di frutti rossi, una birra aromatizzata ai lamponi.

L'acqua

Anche l'acqua non è indifferente.

Un'acqua piú sapida, per esempio, esalta preparazioni a base di verdure o pesce d'acqua dolce. E se le acque lievemente frizzanti sono di solito consigliabili rispetto a quelle che lo sono molto, queste ultime aiutano però la digestione di piatti impegnativi come stracotti, brasati e grigliate.

In generale sono da preferire le acque piú leggere, cioè con un basso residuo fisso.

I liquori e i distillati

Un bicchierino di liquore o di distillato a fine pasto è un'abitudine molto diffusa in Italia. Bevande tipiche, per questa occasione, sono il limoncello, l'arancino e il nocino, di cui spesso c'è una produzione casalinga (il fatto che siate stati voi a prepararle le rende di per sé nobili). A farla da padrona, però, è da sempre la grappa, un autentico vanto nazionale. È buona regola tenere in casa anche amari nazionali a base di erbe di montagna tipiche del territorio, dal genepy della Valle d'Aosta, alla sambuca romana, all'amaro di arance rosse di Sicilia.

Naturalmente non devono mancare un buon cognac o un bas armagnac, un whisky e un rum, ed eventualmente un calvados e un porto.

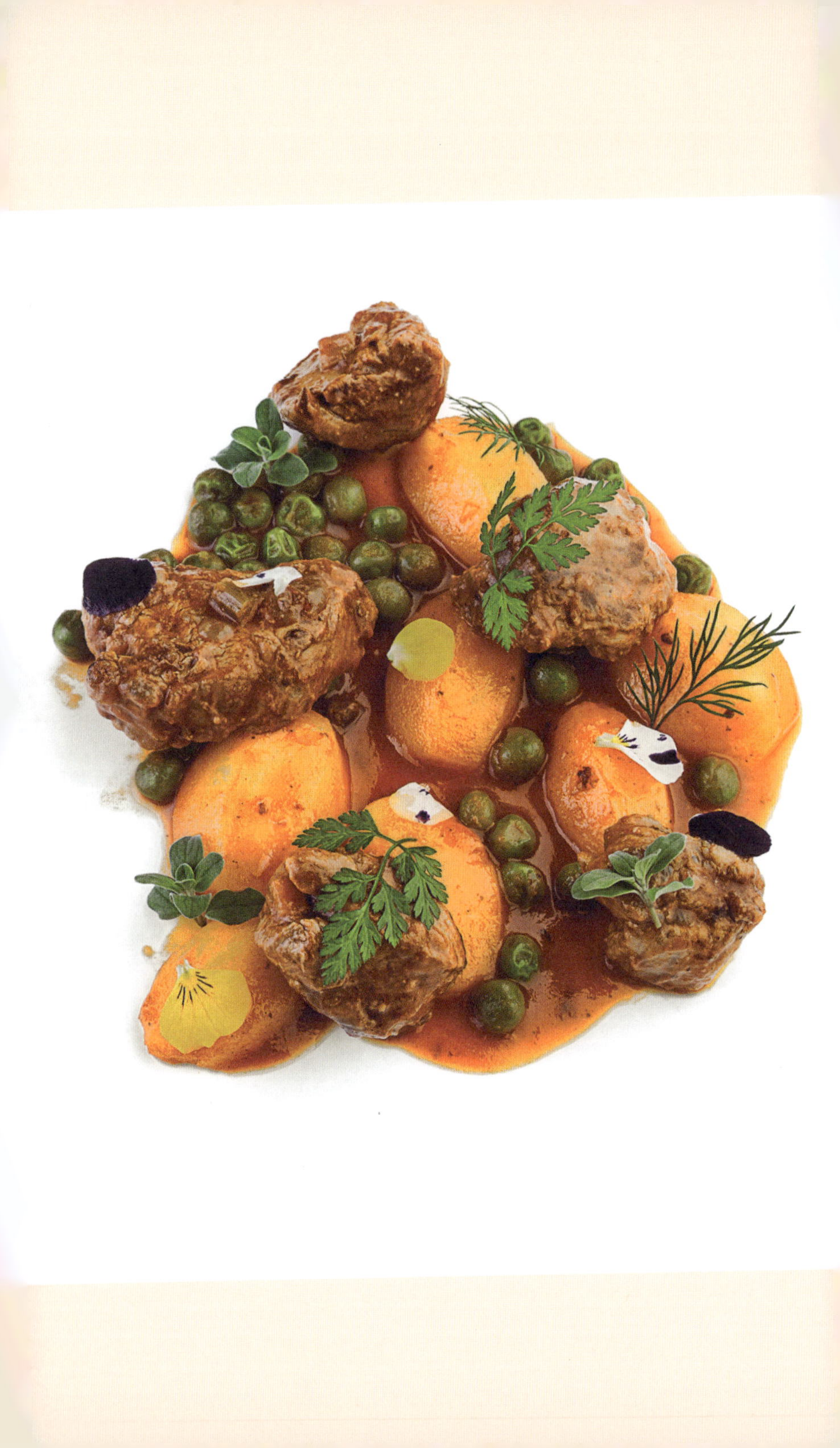

Spezzatino di manzo

Dosi per 4 persone

Ingredienti

- 800 g di carne per spezzatino
- 1 cipolla
- 1 carota
- 1 costa di sedano
- 1 foglia di alloro
- 200 ml di vino rosso
- 100 g di passata di pomodoro
- 2 l di brodo vegetale
- olio evo
- sale
- pepe

Preparazione

- Porzionare la carne, condirla e scottarla in una casseruola con un filo d'olio. Quando è ben rosolata, spostarla su un piatto e lasciarla riposare coperta da un foglio di alluminio.
- Mondare, lavare e tagliare in piccoli pezzi la cipolla, la carota e il sedano. Rosolarli nella stessa casseruola della carne con un filo d'olio e la foglia di alloro.

> È importante distinguere la temperatura di cottura della carne da quella delle verdure: se le mettessimo insieme, rischieremmo di bruciare le verdure per la temperatura troppo alta o di bollire e non rosolare la carne per la temperatura troppo bassa.

- Una volta rosolate le verdure, unire la carne facendole riprendere temperatura. Sfumare con il vino e, una volta che è evaporato, aggiungere la passata di pomodoro e un po' di brodo vegetale caldo. Continuare la cottura a fuoco molto basso, mescolando e versando all'occorrenza del brodo caldo. Sistemare di sale e pepe e servire ben caldo.

Per le cotture lente, come in questo caso, alcuni tagli di carne sono piú indicati di altri. In particolare sono da preferire pezzi non troppo magri, come il tenerone o la pancia, per evitare che la carne diventi asciutta e stopposa. Ovviamente il tempo di cottura varia in base al tipo di carne scelto.

Come servire

Disporre lo spezzatino in un piatto piano. Se volessimo preparare anche un contorno, potremmo utilizzare o delle piccole patate tornite, che vanno aggiunte nella casseruola prima di sfumare con il vino, o dei piselli precedentemente sbianchiti, che uniremo alla carne giusto qualche minuto prima che la cottura sia ultimata.

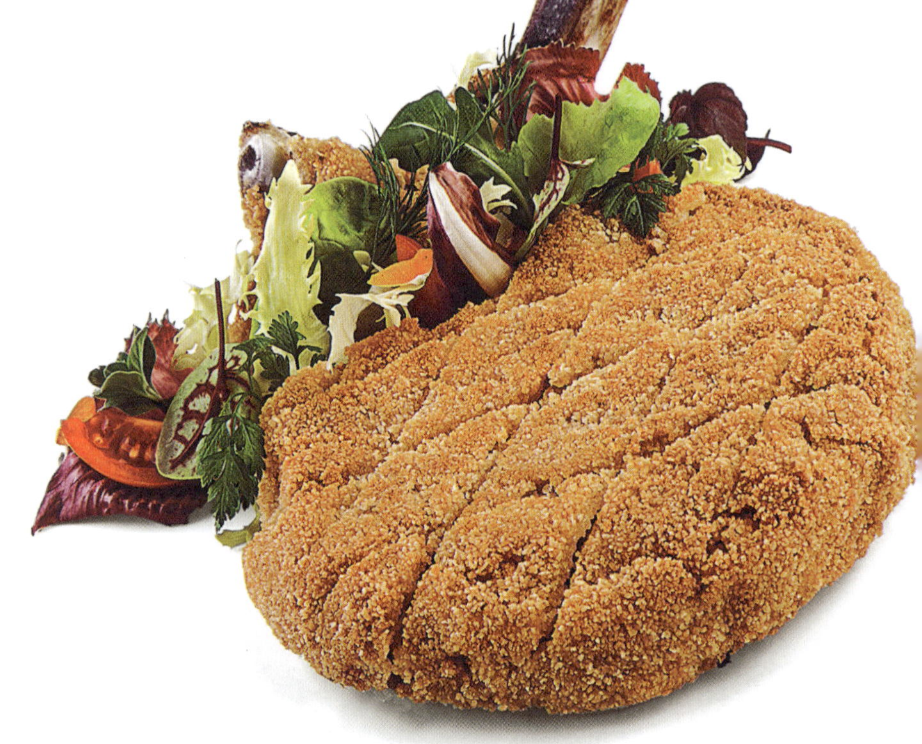

Cotoletta di vitello alla milanese

Dosi per 4 persone

Ingredienti

- 4 cotolette di vitello con osso
- 200 g di burro chiarificato
- 3 uova
- 500 g di pangrattato
- 200 g di farina 00
- sale
- pepe

Preparazione

- Pulire bene l'osso lasciandolo attaccato.
- Incidere i bordi della cotoletta con un coltello da cucina per evitare che si arricci durante la cottura.
- Procedere alla panatura passando le cotolette prima nella farina, battendole leggermente per far cadere quella in eccesso, poi nell'uovo sbattuto, salato e pepato e infine, dopo averle sgocciolate bene, nel pangrattato. Pressarle tra le mani per compattare la panatura e segnarle con il retro di un coltello da cucina.
- In una padella capiente scaldare il burro chiarificato. Quindi cuocere una cotoletta alla volta facendola dorare da ambo i lati.

> La cotoletta alla milanese va girata una volta sola e sono sufficienti 6-7 minuti per lato.

- Asciugare bene con la carta assorbente per togliere il grasso in eccesso e salare prima di servire.

> Il burro chiarificato si ottiene privando il burro della parte acquosa e delle proteine legate alle caseine e utilizzandone solo la parte grassa. Se preferite non acquistarlo già pronto vi spiego come prepararlo.
> Sciogliere il burro a bagnomaria e spostarlo in un altro contenitore per riporlo in frigorifero. Una volta rappreso, prendere solamente la parte grassa, ovvero quella solidificata.
> Il burro chiarificato è utile perché può essere usato a temperature piú alte, infatti brucia solo intorno ai 190° C. In questa ricetta lo utilizzo al posto dell'olio per rendere l'alimento piú saporito.

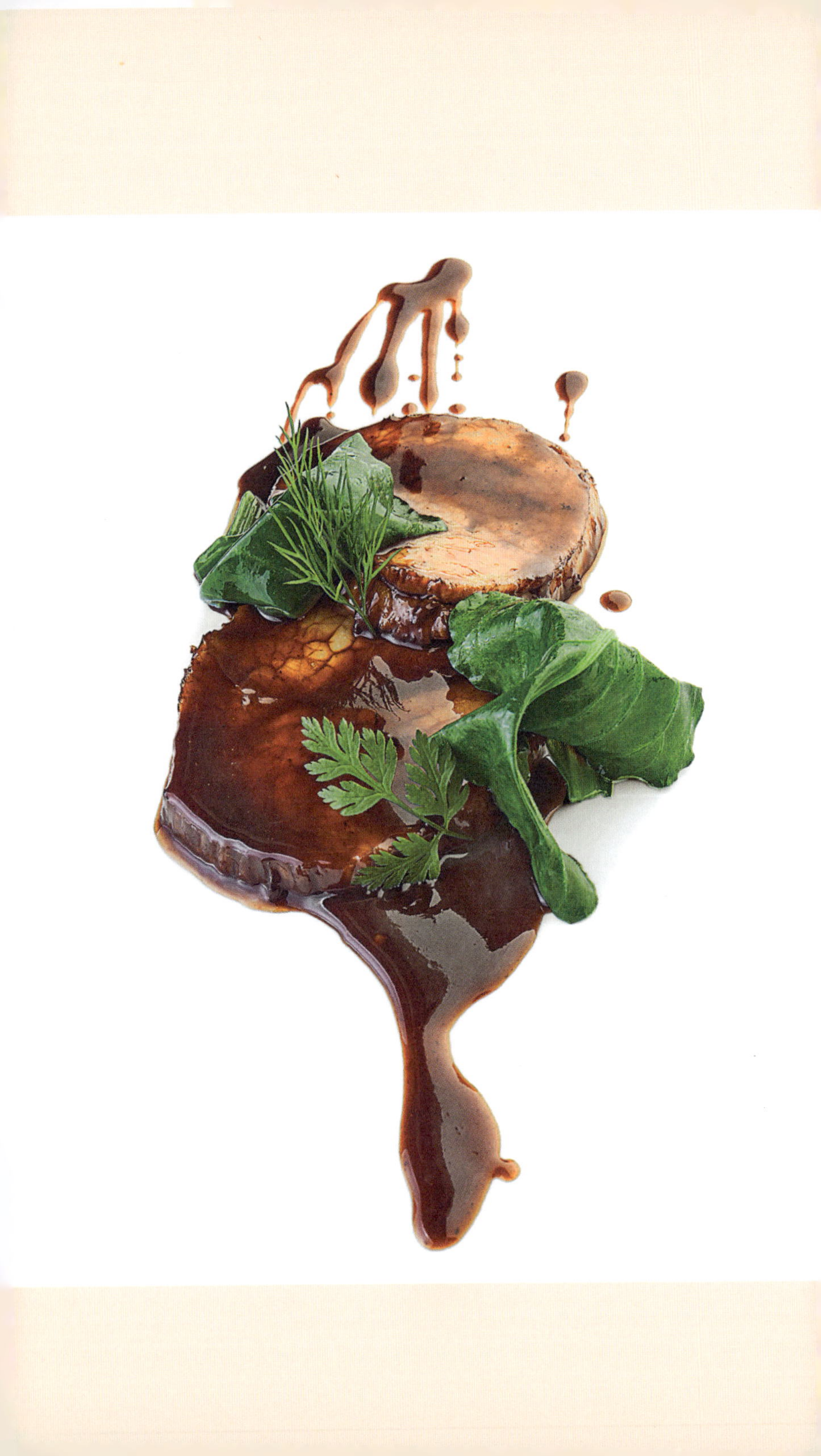

Scaloppine al marsala

Dosi per 4 persone

Ingredienti

- 8 fette di noce di vitello
- 200 g di farina 00
- 150 ml di brodo vegetale
- 80 ml di marsala
- 100 g di burro
- 1 foglia di alloro
- 1 rametto di timo
- 4 foglie di salvia
- olio evo
- sale
- pepe

Preparazione

> Consiglio di battere leggermente la carne in modo che tutte le fette siano dello stesso spessore. Per evitare che la carne si attacchi al batticarne o al tagliere utilizzare la pellicola.

- Passare rapidamente le fettine nella farina, scrollandole per far cadere quella in eccesso. In una casseruola scottarle velocemente da entrambi i lati con un filo d'olio, il burro e gli aromi. Condirle con sale e pepe e farle riposare su un piatto piano coperte da un foglio di alluminio, per evitare che la carne passi di cottura.

- Rimettere la casseruola sul fuoco togliendo gli aromi. Sfumare con il marsala e, una volta che è evaporato, allungare con un po' di brodo vegetale caldo. Continuare la cottura a fuoco molto basso mescolando e aggiungendo del burro per far addensare la salsa. Sistemare di sale e pepe.
- Una volta raggiunta la consistenza desiderata, unire la carne, lasciar insaporire e servire.

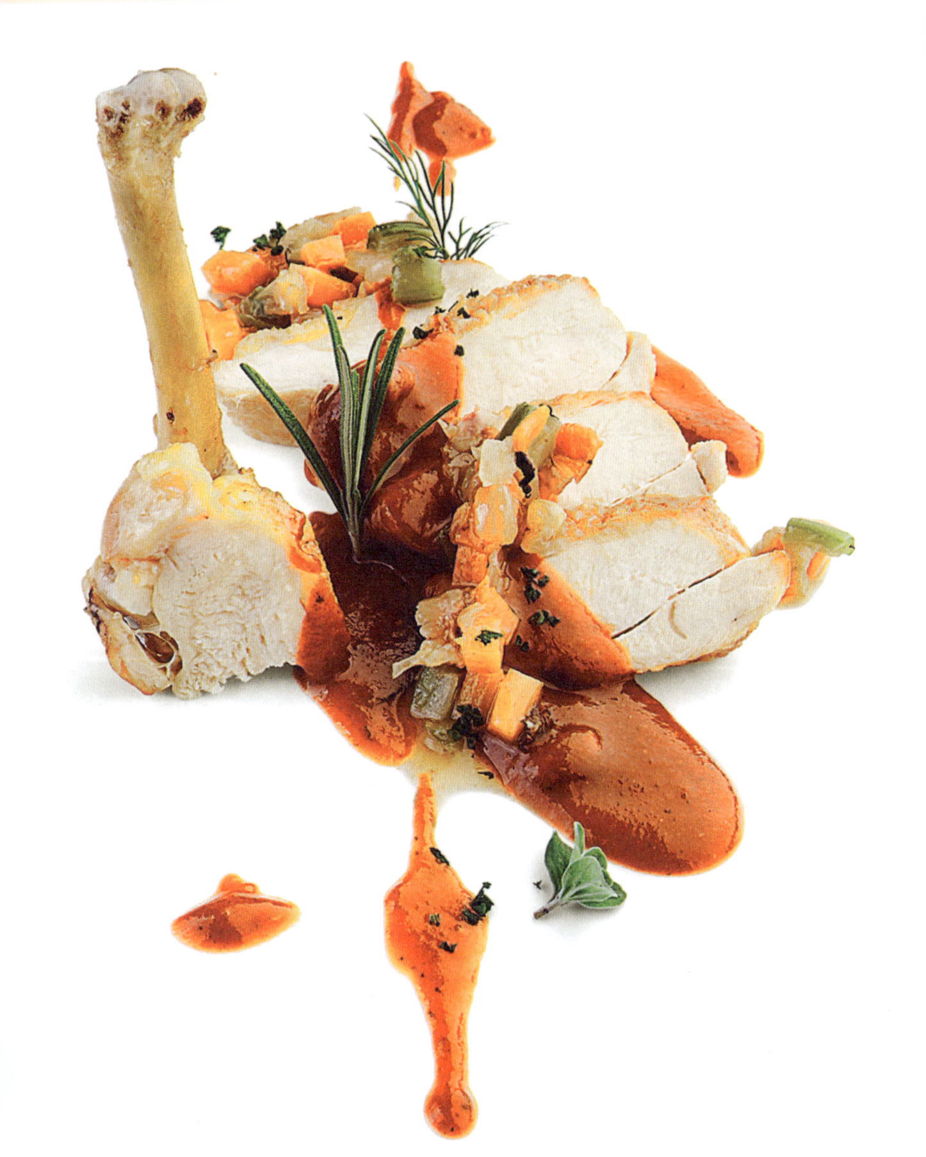

Pollo alla cacciatora

Dosi per 4 persone

Ingredienti

- 1 pollo
- 1 cipolla
- 1 carota
- 1 costa di sedano
- 1 foglia di alloro
- 1 rametto di rosmarino
- 1 ciuffo di prezzemolo
- 1 spicchio d'aglio
- 200 ml di vino bianco
- 400 g di passata di pomodoro
- 1 l di brodo vegetale
- olio evo
- sale
- pepe

Preparazione

- Togliere al pollo le interiora, la testa e le zampe, bruciare le eventuali parti di piume rimaste e tagliarlo in pezzi piuttosto piccoli e regolari, condendoli con sale e pepe. Scottarli in una casseruola con un filo d'olio iniziando dalle parti con la pelle.

> Iniziare la rosolatura dalla pelle significa liberare subito parte del grasso e della sua viscosità e conferire al piatto un sapore piú accentuato, evitando, nonostante la lunga cottura, il gusto di carne bollita.

- Una volta che tutti i pezzi sono ben rosolati, spostarli su un piatto e lasciarli riposare coperti da un foglio di alluminio.
- Mondare, lavare e tagliare in piccoli pezzi la cipolla, la carota e il sedano e rosolarli nella stessa casseruola della carne con un filo d'olio, l'aglio, il rosmarino e la foglia di alloro.
- Unire la carne facendole riprendere temperatura. Sfumare con il vino e, una volta che è evaporato, versare la passata di pomodoro e un po' di brodo vegetale caldo. Continuare la cottura coprendo la casseruola con un coperchio, mescolando di tanto in tanto e aggiungendo all'occorrenza del brodo caldo. Spolverare con il prezzemolo tritato, sistemare di sale e pepe e servire ben caldo.

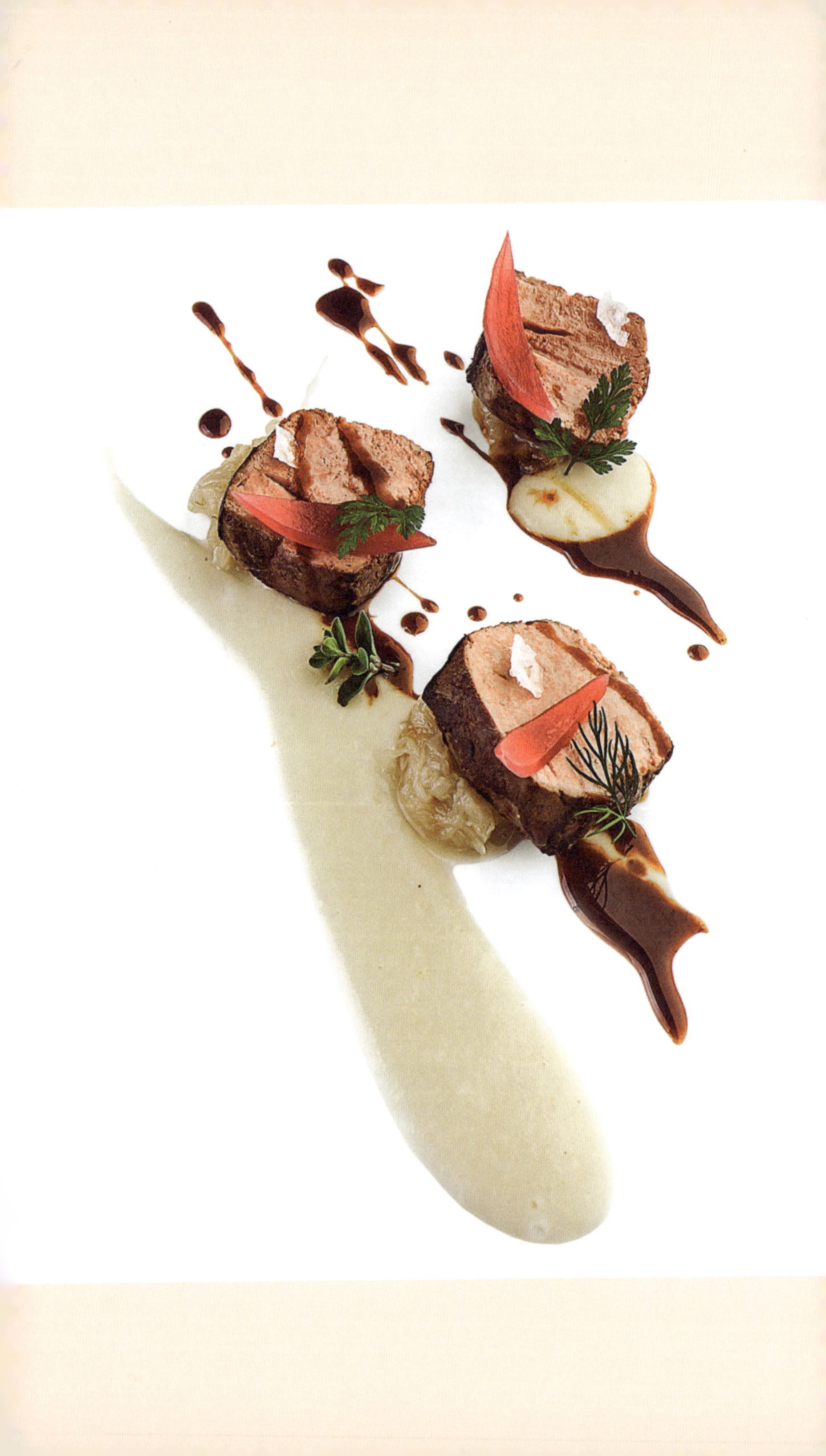

Fegato con cipolle stufate

Dosi per 4 persone

Ingredienti

- 800 g di fegato
- 4 cipolle grandi
- 500 ml di brodo vegetale
- 2 foglie di alloro
- 1 ciuffo di prezzemolo
- 80 ml di aceto di mele
- 80 g di burro
- olio evo
- sale
- pepe

Preparazione

- Mondare, lavare e tagliare finemente le cipolle. Partendo da freddo stufarle in una casseruola non troppo ampia con un filo d'olio, un pizzico di sale e le foglie di alloro. Coprire e cuocere a fiamma bassa mescolando di tanto in tanto.

  La qualità delle cipolle è molto importante: per evitare che restino fibrose e sembrino crude fate attenzione che siano fresche e succose.

- Eliminare la pellicina esterna del fegato. Tagliarlo a fette e, in una padella ben calda, scottarle da ambo i lati con olio e burro, condendole con sale e pepe. Una volta cotte, spostarle su un piatto.

- Deglassare la padella con l'aceto di mele, aggiungere le cipolle stufate eliminando le foglie di alloro e bagnando se necessario con del brodo vegetale. Sistemare di sale e pepe e unire il fegato. Lasciar insaporire velocemente e servire.

> Il fegato va cotto molto rapidamente e servito subito perché una cottura troppo lunga lo renderebbe stopposo.

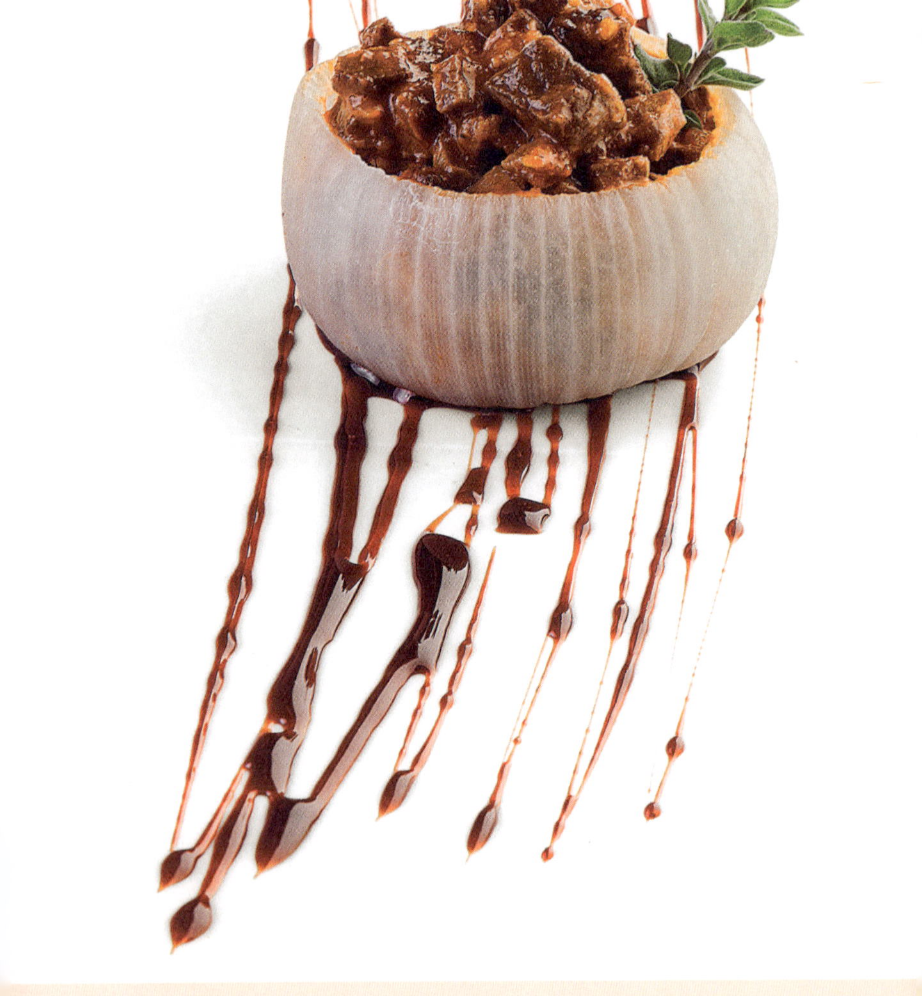

Zuppa forte

Dosi per 4 persone

Ingredienti

- 200 g di milza di maiale
- 200 g di reni di maiale
- 200 g di polmone di maiale
- 200 g di cuore di maiale
- 150 g di passata di pomodoro
- 1 carota
- 1 costa di sedano
- 1 cipolla bianca media
- 500 ml di brodo di carne
- 40 ml di vino bianco secco
- 4 foglie di alloro
- 1 peperoncino secco
- parmigiano grattugiato
- sale
- pepe nero

Per il court bouillon

- 400 ml aceto di vino bianco
- 800 ml vino bianco
- pepe nero in grani
- 1 foglia di alloro

Preparazione

- Sciacquare bene sotto acqua corrente fredda tutte le interiora, scartando le parti piú insanguinate e grasse.
- Preparare il court bouillon, portando a bollore tutti gli ingredienti, farlo raffreddare e dividerlo in quattro pen-

tole. In ciascuna cuocere un tipo di interiora per circa 20 minuti.

> In questa ricetta uso il court bouillon per rendere il sapore delle interiora meno intenso e contemporaneamente per facilitarne il taglio.

- Scolare le interiora, adagiarle su una placca e lasciarle raffreddare coperte con un foglio di pellicola. Pulirle e tagliarle a dadini molto piccoli.
- In una pentola soffriggere il peperoncino, il sedano, la carota e la cipolla tagliate a brunoise. Togliere il peperoncino e aggiungere la dadolata di frattaglie e le foglie di alloro. Far insaporire e sfumare con il vino bianco secco. Una volta che è evaporato, versare la passata di pomodoro, aggiustare di sale e continuare la cottura per 40 minuti circa a fuoco basso.
- Sistemare di sale e pepe e aggiungere un po' di parmigiano grattugiato.

Le storie di Antonino

Non si butta via niente

Cucinare ogni giorno – se lo fate, lo sapete bene – richiede non solo impegno, ma anche fantasia, creatività e cura. Preparare da mangiare per gli altri, soprattutto quotidianamente, è un gesto d'amore. Mia nonna Fiorentina mi ha insegnato che nel cibo è importante metterci il cuore, cosí ogni volta che invento una nuova ricetta o rifinisco un piatto io penso a lei. Penso a lei e a mia madre, perché entrambe mi hanno fatto capire quanto nella cucina di tutti i giorni contasse il risparmio.

Attenzione, non parlo di risparmiare sulle materie prime: la scelta dell'ingrediente è anzi il primo segno dell'amore che proviamo per chi mangerà le nostre pietanze. Parlo del «recupero» di tutte le parti dell'ingrediente. Una volta, in cucina non esistevano gli scarti, si mangiava tutto o quasi; questo implicava un piccolo sforzo in piú, è vero, ma il tempo impiegato diventava a lungo andare guadagno. Nelle ricette che vi propongo in questo libro, noterete che tendo a buttare ben poco: del prezzemolo e dei carciofi tengo pure i gambi, e conservo le lische e le teste dei pesci per fare il brodo, che dà gusto e spessore se usato per cuocere e che si può servire anche come pasto serale, saporito e caldo.

«Cosa c'è di meglio del brodo?» diceva mia nonna. Ci penso sempre quando ne sorbisco uno caldo preparato con lische e teste. Insomma, io sono a favore di una cucina intelligente, quella in cui del cavolfiore, per esempio, si adoperano anche le foglie: questo da un lato consente un gioco di contrasti che gratifica il palato, dall'altro ci aiuta a mettere via qualche centesimo al giorno. Alla fine dell'anno, sarà anche perché abbiamo cucinato senza sprechi, in modo etico e oculato, che potremo permetterci una meritata vacanza.

Come sempre, il primo passo è la spesa: bisogna avere fornitori di fiducia. Quando mio padre andava dal suo pescivendolo, capitava che quello gli dicesse: «Malu tempu e' mare», cioè: «c'è stato cattivo tempo», dando a intendere che i pescatori non erano usciti e il pesce sul banco era d'allevamento, ossia non era il pesce migliore.

Inoltre, la spesa è una forma di narrazione. A tavola, offrendo i vostri piatti potrete raccontare agli ospiti dove avete comprato quel particolare pane, impastato con farine macinate a pietra e cotto in un forno a legna; o che la mozzarella che stanno masticando è prodotta in Campania da un allevatore che accudisce le sue bufale come figlie. Ogni racconto è un'emozione, ed è proprio l'emozione l'ingrediente che a pranzo o a cena non deve mancare mai. La cucina, del resto, è comunicazione: è cerebrale e carnale insieme, per questo è cosí appassionante.

Dolci

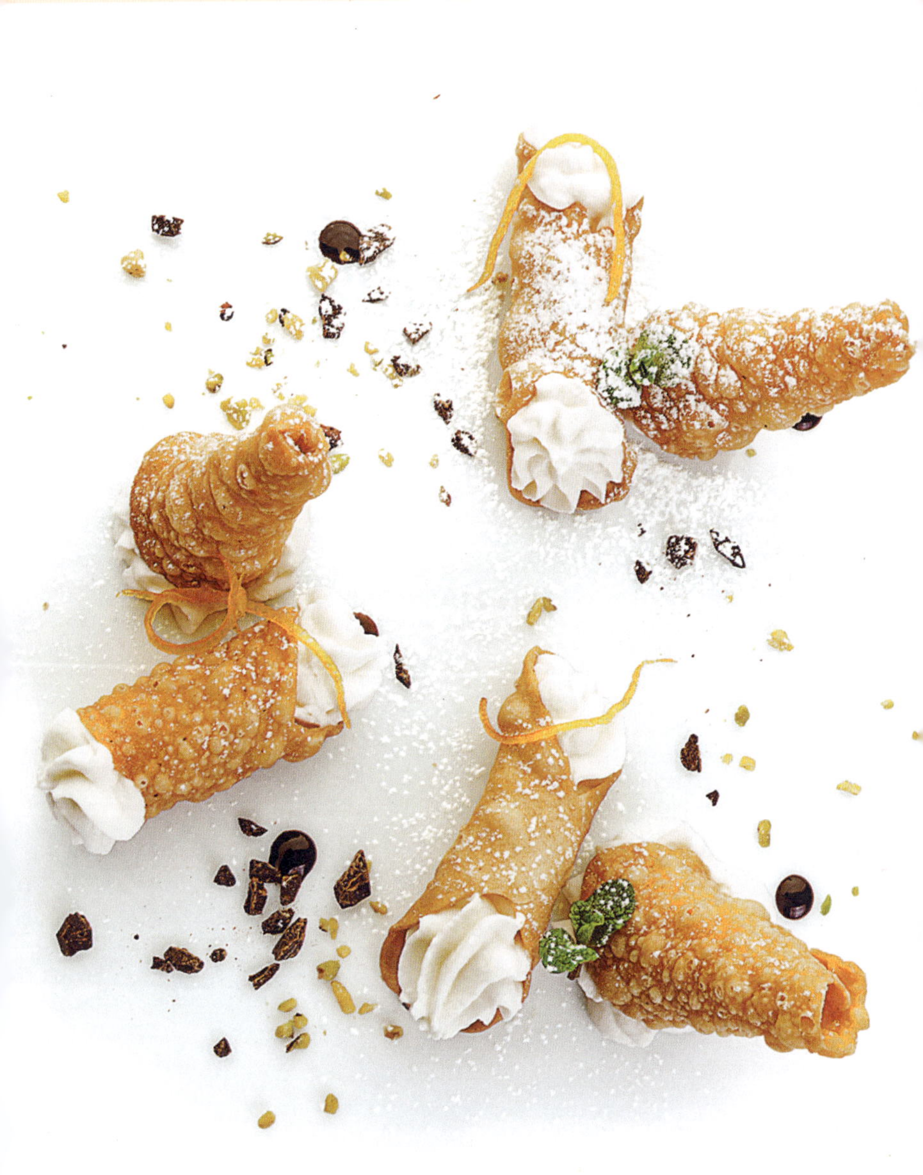

Cannoli di ricotta

Dosi per 4 persone

Ingredienti

Per il cannolo
- 250 g di farina 00
- 25 g di zucchero semolato
- 25 g di burro
- 100 ml di vino bianco secco
- 1 pizzico di sale
- 1 uovo
- 1 limone non trattato
- 2 l di olio di semi di girasole

Per la ricotta
- 250 g di ricotta
- 110 g di zucchero a velo
- 40 g di scaglie di cioccolato
- 80 g di arance candite
- cannella in polvere

Preparazione

Per il cannolo

- Impastare in planetaria (o in alternativa a mano) la farina, lo zucchero e il sale. Incorporare man mano l'uovo, il burro in pomata (ovvero lavorato con una spatola fino a ottenere una consistenza cremosa e liscia), la scorza grattugiata di 1 limone e il vino bianco a filo. Formare una palla, coprirla con la pellicola e farla riposare per 2 ore circa.

> Uso il burro in pomata perché è fondamentale evitare la formazione di grumi dovuti a pezzi di burro freddi e non amalgamati nell'impasto.

- Su una spianatoia infarinata stendere l'impasto e ricavare dei quadrati di circa 6 cm per lato. Posizionare gli appositi stampi cilindrici sulla diagonale dei quadrati e avvolgere la sfoglia facendo ben aderire uno sull'altro i due angoli opposti. Friggere in olio di girasole a 160° C, quindi scolare su carta assorbente e far raffreddare. Sfilare i cannoli dagli stampi.

Per la ricotta
- Lavorare insieme tutti gli ingredienti fino a formare una crema omogenea. Mettere il composto in un sac à poche e riempire i cannoli.

Come servire

Ultimare intingendo ogni cannolo in una granella a scelta (ad esempio di nocciole, di pistacchi o di cioccolato).

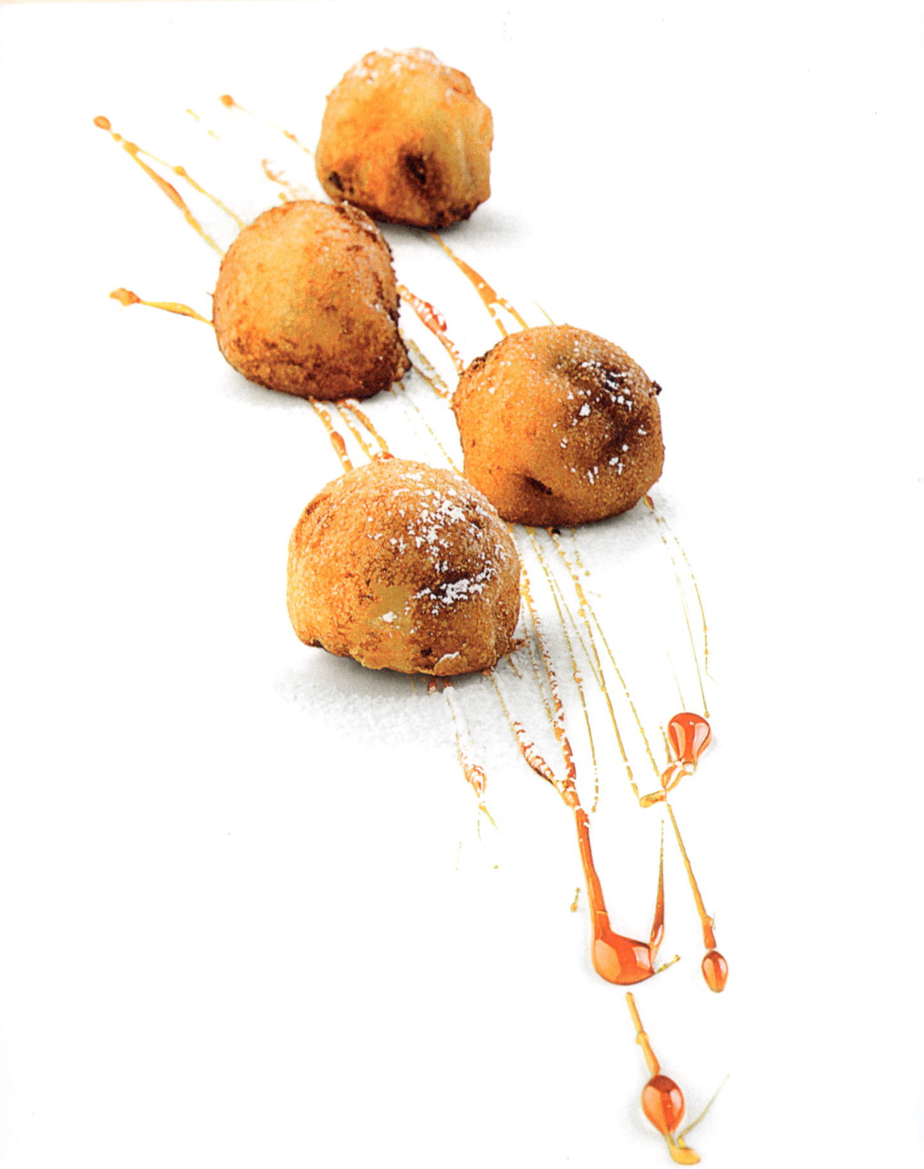

Frittelle al mascarpone

Dosi per 4 persone

Ingredienti

- 130 g di farina 00
- 100 g di mascarpone
- 100 g di zucchero semolato
- 20 g di uvetta
- 1 uovo
- 1 bicchierino di rum
- 2 l di olio di semi di girasole
- 1 limone non trattato

Preparazione

- Mettere l'uvetta a bagno nel rum per almeno 15 minuti.
- Mescolare il mascarpone e la farina setacciata con l'aiuto di una frusta. Aggiungere l'uvetta con il rum e 50 g di zucchero, amalgamando il tutto. Unire l'uovo e lavorare fino a raggiungere un composto omogeneo.
- Su una spianatoia spargere in modo uniforme lo zucchero semolato rimasto e la scorza grattugiata di 1 limone.
- Formare le frittelle aiutandosi con due cucchiai e friggerle in olio di semi a 170° C. Quando sono dorate, scolarle facendole sgocciolare bene e poggiarle direttamente sullo zucchero.

Le frittelle vanno passate nello zucchero ancora calde, per farlo aderire bene su tutta la superficie e creare una copertura omogenea.

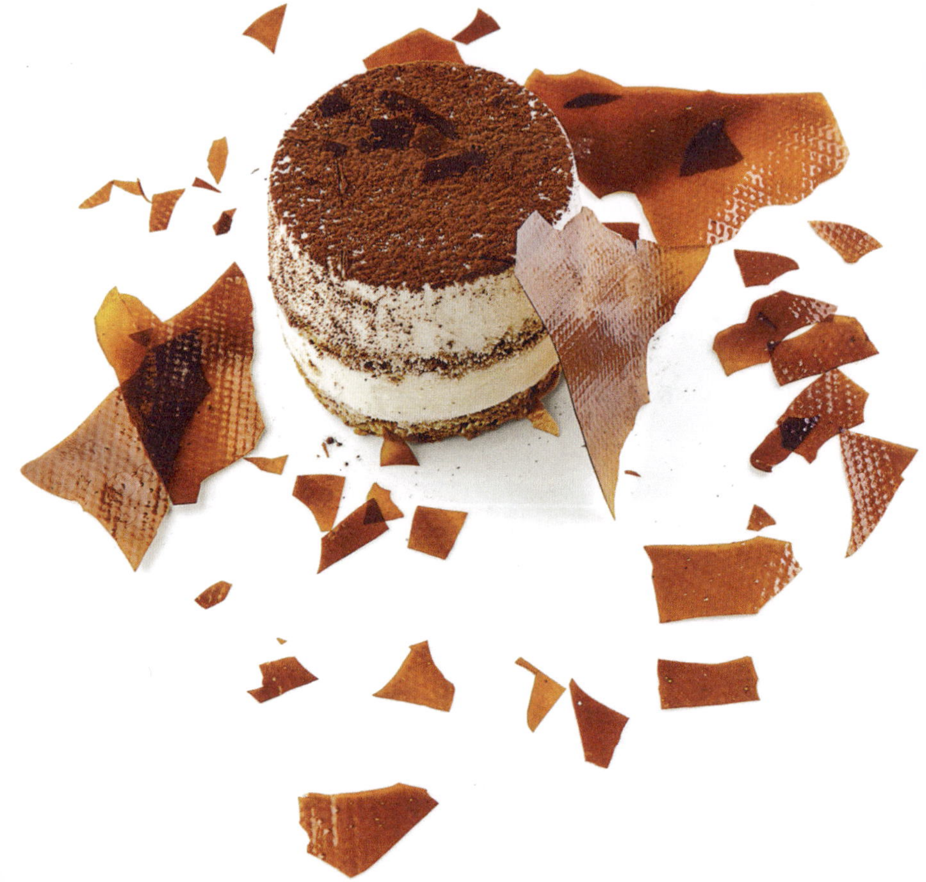

Tiramisú

Dosi per 4 persone

Ingredienti

Per la crema
- 3 tuorli
- 3 albumi
- 250 g di mascarpone
- 80 g di zucchero semolato

Per i savoiardi di riso
- 270 g di albume (circa 16 albumi)
- 180 g di tuorlo (circa 12 tuorli)
- 250 g di zucchero semolato
- 250 g di farina di riso
- zucchero a velo

Finitura
- 1 bicchierino di rum o marsala
- due tazzine di caffè non zuccherato
- cacao amaro

Preparazione

Per la crema
- Montare i tuorli con 40 g di zucchero aiutandosi con una frusta, fino a raggiungere una consistenza spumosa di colore chiaro. Unire il mascarpone e amalgamare.

- A parte montare gli albumi a neve aggiungendo poco per volta l'altra metà dello zucchero, per consentire al composto di conservare una maggiore stabilità.
- Unire i due composti incorporando l'albume nei tuorli con l'aiuto di una spatola, mescolando dal basso verso l'alto e facendo attenzione a non smontarli. Riporre in frigorifero.

> Molto importante per non smontare i due composti è l'uso di una spatola. Una frusta farebbe fuoriuscire l'aria incorporata rendendoli nuovamente liquidi e di conseguenza inutilizzabili.

Per i savoiardi di riso

- Montare i tuorli con 125 g di zucchero aiutandosi con una frusta, fino a raggiungere una consistenza spumosa di colore chiaro.
- A parte montare gli albumi a neve aggiungendo poco per volta l'altra metà dello zucchero, anche in questo caso per conservare una maggiore stabilità.
- Unire i due composti incorporando l'albume nei tuorli con l'aiuto di una spatola, sempre mescolando dal basso verso l'alto ed evitando di smontarli. Continuando a mescolare, aggiungere la farina di riso precedentemente setacciata. Mettere il composto in un sac à poche e, su una placca ricoperta con carta forno, formare i savoiardi, cospargerli di zucchero a velo e cuocerli in forno a 165° C per 12-15 minuti.

Come servire / varianti

In un bicchiere unire il liquore al caffè e nel frattempo mettere la crema fredda in un sac à poche.

In una pirofila, o in contenitori monoporzione, preparare il tiramisú alternando uno strato di crema a uno strato di savoiardi imbevuti nel caffè, partendo da uno strato di biscotti sul fondo. Finire con la crema e spolverare con il cacao amaro.

A piacimento si possono aggiungere tra gli strati scaglie di cioccolato o pezzetti di frutta.

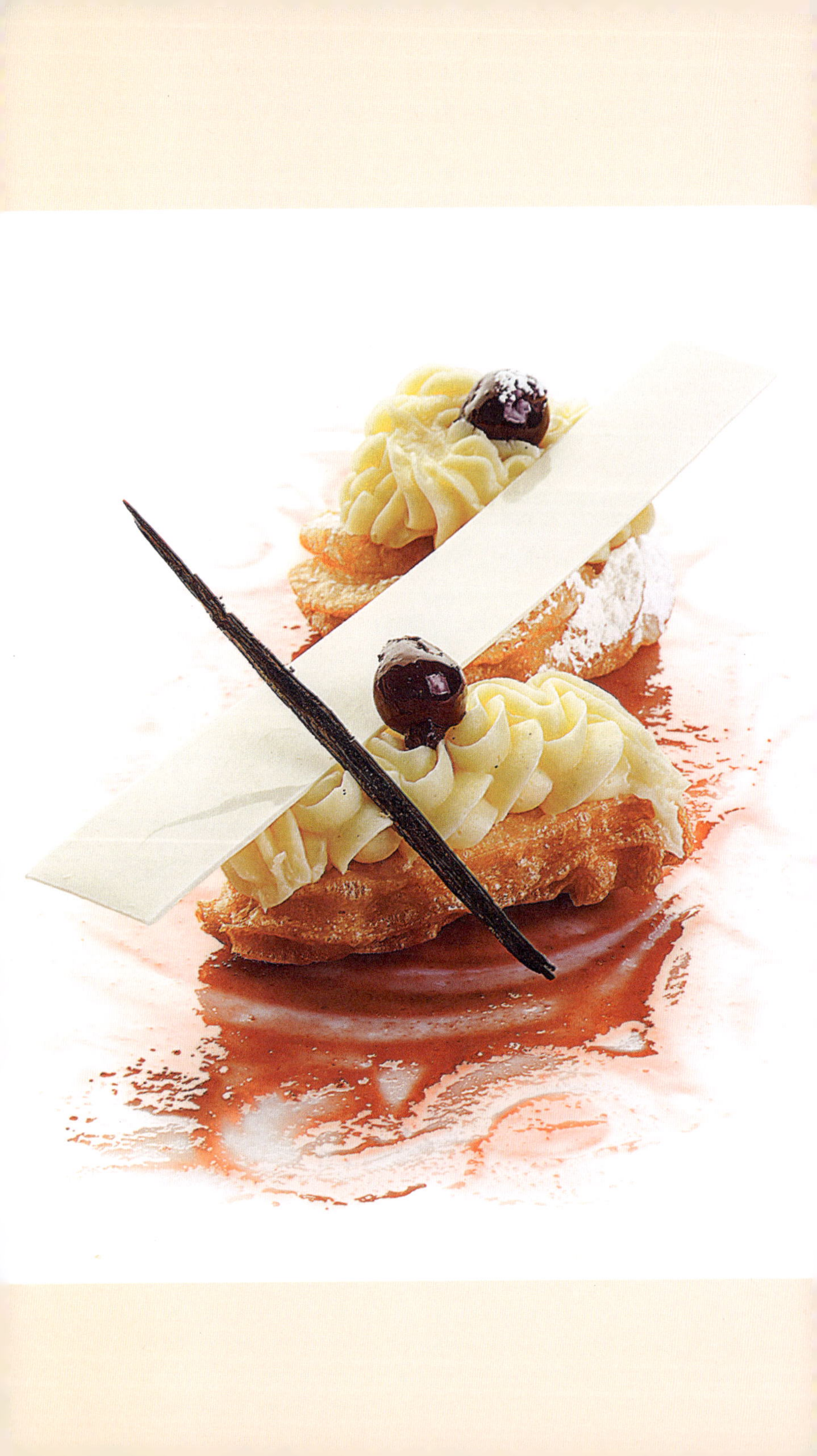

Zeppole di san Giuseppe

Dosi per 4 persone

Ingredienti

Per le zeppole
- 150 g di farina 00
- 250 ml d'acqua
- 60 g di zucchero
- 60 g di burro
- 3 uova
- 2 limoni non trattati
- 2 l di olio di semi di arachidi
- sale

Per la crema pasticcera
- 250 ml di latte intero
- 80 g di zucchero semolato
- 15 g di farina 00
- 10 g di maizena
- 2 tuorli
- ½ bacca di vaniglia

Finitura
- 50 g di zucchero a velo
- 50 g di amarene sciroppate

Preparazione

Per le zeppole

- In una casseruola portare a ebollizione l'acqua con il burro e il sale. Togliere dal fuoco e incorporare in un colpo solo la farina precedentemente setacciata, girando bene con la frusta.

> Aggiungere la farina in un colpo solo evita la formazione di grumi.

- Rimettere sul fuoco e, mescolando energicamente per qualche minuto con l'aiuto di un cucchiaio di legno, cuocere fino a che l'impasto non si stacca dai bordi.
- Togliere dal fuoco e unire, sempre mescolando, lo zucchero. Versare l'impasto in un altro contenitore e farlo intiepidire.
- Aggiungere la scorza grattugiata di 2 limoni e incorporare le uova, uno alla volta. Mettere il composto in un sac à poche con la bocchetta rigata e formare le tradizionali zeppole, ognuna su un quadrato di carta da forno appositamente ritagliato.

Per la crema pasticcera
- In un pentolino far sobbollire il latte con ½ bacca di vaniglia (sia il baccello sia i semini, estratti tagliando il baccello per il lungo e raschiandolo con la punta di un coltello).
- Setacciare la farina con la maizena.
- Aggiungere lo zucchero ai tuorli e montare con l'aiuto di una frusta, quindi unire la farina e la maizena. Versare il latte caldo a filo e amalgamare bene.
- Spostare il composto in una pentola e metterlo sul fuoco continuando a mescolare. Far sobbollire per 1 minuto circa sempre mescolando e facendo attenzione che non attacchi. Una volta pronto, spostare velocemente dalla pentola calda a un altro contenitore, eliminare il baccello di vaniglia e far raffreddare con uno strato di pellicola a contatto.
- Friggere le zeppole nell'olio di semi a 160-170° C.

ZEPPOLE DI SAN GIUSEPPE

> Per ottenere una cottura omogenea, le zeppole vanno immerse nell'olio direttamente con la carta forno, che si staccherà da sola dopo qualche secondo di frittura.

Come servire

Scolare le zeppole su un vassoio con carta assorbente. Una a una ricoprirle con la crema pasticcera e appoggiare in cima un'amarena sciroppata. Spolverare con lo zucchero a velo e servire tiepide.

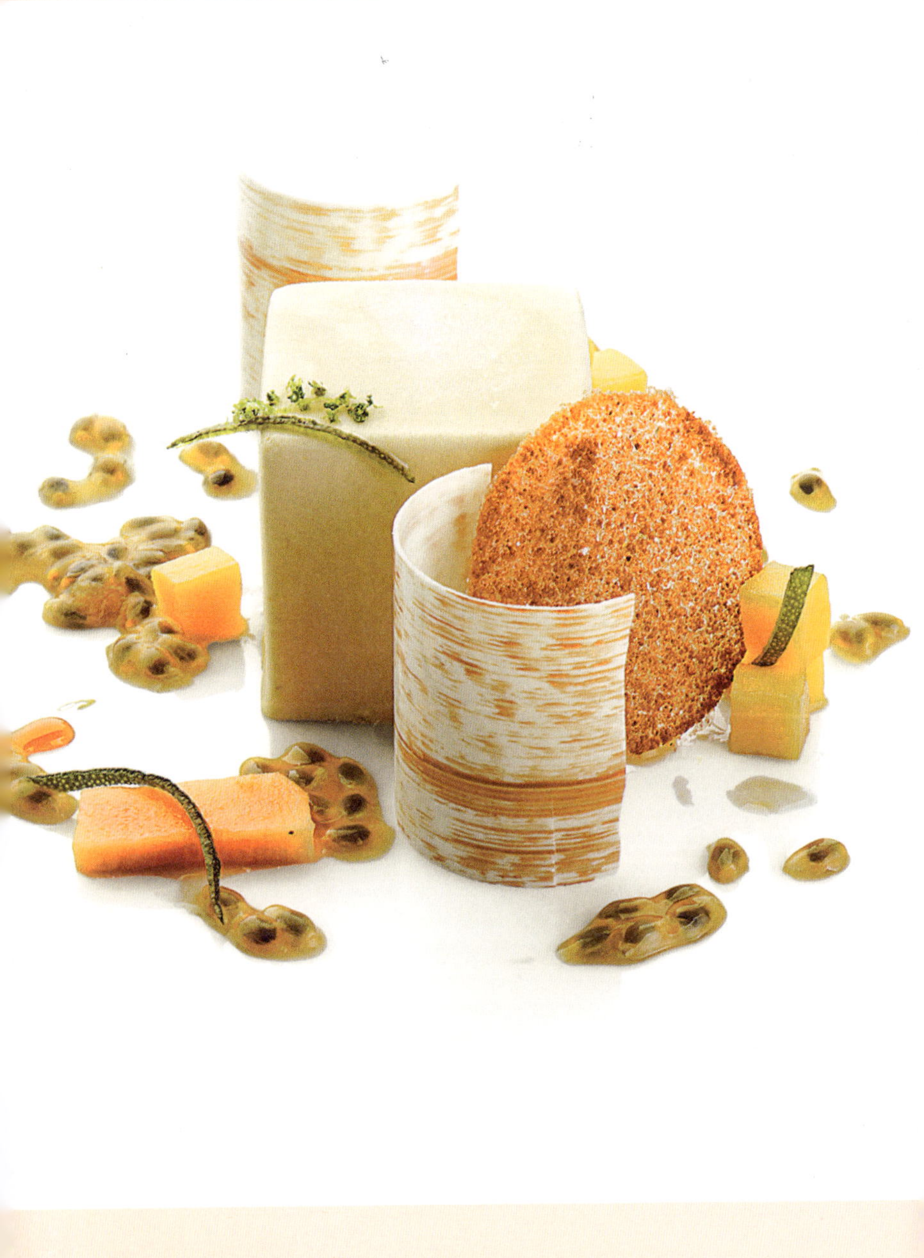

Semifreddo al frutto della passione

Dosi per 4 persone

Ingredienti

Per la meringa all'italiana
- 130 g di zucchero semolato
- 65 g di albume (circa 4 albumi)
- 30 ml di acqua

Per il semifreddo
- 30 ml di acqua
- 120 g di tuorlo (circa 8 tuorli)
- 135 g di zucchero semolato
- 300 g di frutti della passione
- 450 ml di panna fresca

Preparazione

Per la meringa all'italiana
- In un pentolino scaldare l'acqua e 105 g di zucchero. Contemporaneamente in una planetaria amalgamare gli albumi con il restante zucchero, prima molto lentamente poi, quando la temperatura dello zucchero in cottura nel pentolino misura intorno ai 112° C, aumentare la velocità della planetaria e far montare gli albumi. Togliere il pentolino dal fuoco non appena si raggiungono i 121° C.
- Se non si dispone di una planetaria una valida alternati-

va è la frusta elettrica, da usare in un contenitore stretto e alto per evitare che il composto fuoriesca.
- Versare a filo lo sciroppo di acqua e zucchero e continuare a montare fino a che il composto non avrà una consistenza soffice e spumosa e la temperatura non si sarà abbassata.

Attenzione, lo sciroppo deve essere versato ai lati della ciotola e non sulla frusta per evitare che si solidifichi.

- Trasferire la meringa in una ciotola, coprire con la pellicola a contatto e riporre in frigorifero (ne utilizzeremo solamente 180 g).

Per il semifreddo
- In un pentolino portare l'acqua e lo zucchero a 118° C.
- Nel frattempo montare i tuorli. Non appena sono pronti, versare a filo lo sciroppo e continuare a montare fino a che il composto non avrà una consistenza soffice e spumosa e la temperatura si sarà abbassata. Aggiungere la polpa dei frutti della passione e versare un cucchiaio di meringa all'italiana. Amalgamare, quindi incorporare la meringa con molta attenzione, lavorando dall'alto verso il basso, fino a formare una crema.
- Versarla in piú riprese nella panna, precedentemente montata, amalgamando dall'alto verso il basso. Travasare il composto in stampi monoporzione in silicone, livellare e mettere in freezer per una notte.

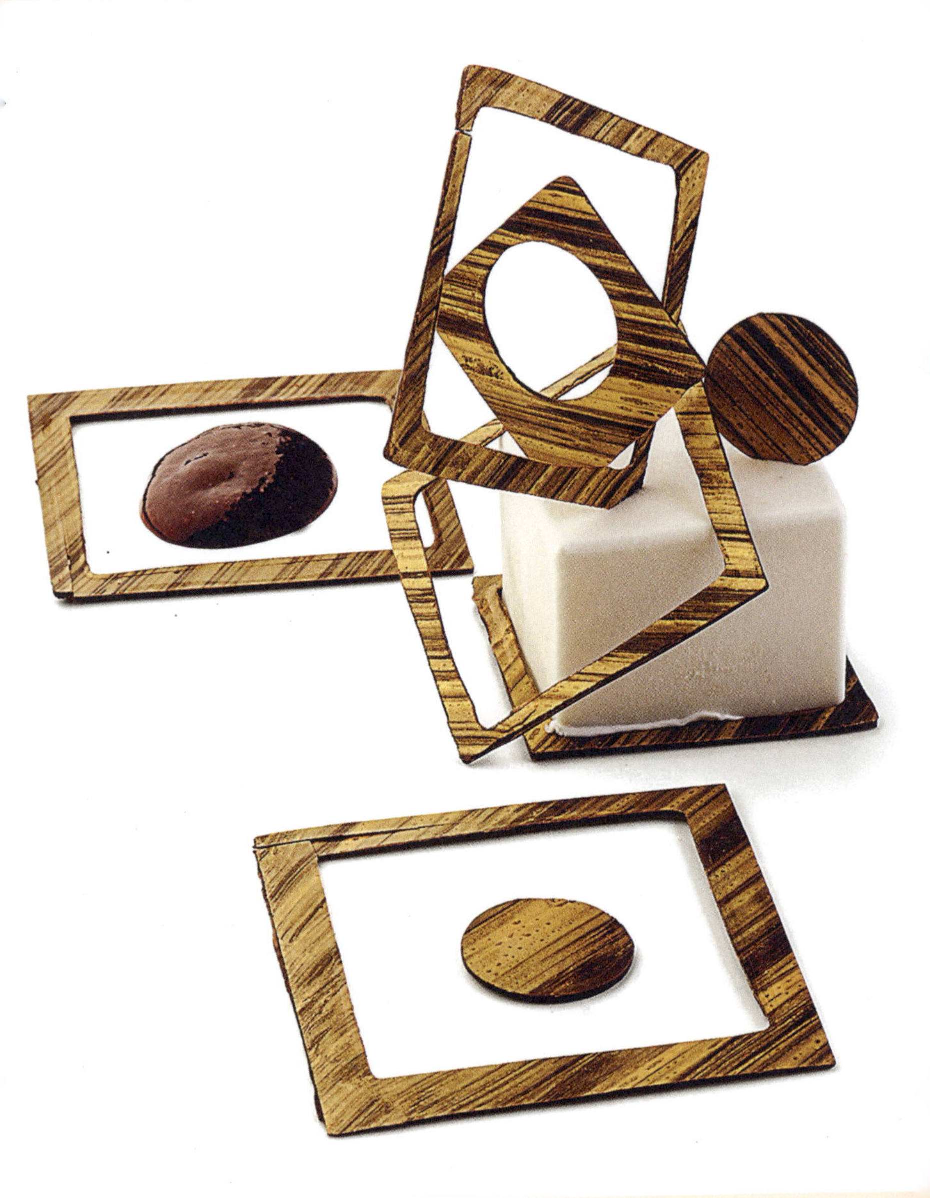

Panna cotta

Dosi per 4 persone

Ingredienti

- 525 ml di panna fresca
- 100 g di zucchero semolato
- 10 g di colla di pesce
- 1 bacca di vaniglia

Preparazione

- Immergere la colla di pesce in un contenitore con acqua fredda e qualche cubetto di ghiaccio.
- In una casseruola amalgamare e portare a bollore la panna con lo zucchero e la bacca di vaniglia (sia il baccello sia i semini, estratti tagliando il baccello per il lungo e raschiandolo con la punta di un coltello). Quindi togliere dal fuoco e far intiepidire. Eliminare il baccello di vaniglia e aggiungere la colla di pesce precedentemente strizzata. Mescolare e versare in appositi stampini monoporzione. Riporre in frigorifero per almeno 6 ore.

Durante la preparazione di questa ricetta è importante prestare la massima attenzione alla temperatura. La colla di pesce perde la sua efficacia al di sopra degli 85° C. Di conseguenza, quando la si aggiunge al composto, bisogna mescolare subito per evitare che si attacchi al fondo ancora troppo caldo della casseruola.

- È possibile preparare questa ricetta in anticipo: la panna cotta, una volta messa negli stampi, può essere congelata. Andrà poi decongelata in frigorifero almeno 4 ore prima dell'utilizzo.

Come servire

La panna cotta può essere accostata a una salsa, a un crumble o a una granita, che può essere ai frutti rossi, al caffè, agli agrumi, alla menta, al cioccolato o al cocco.

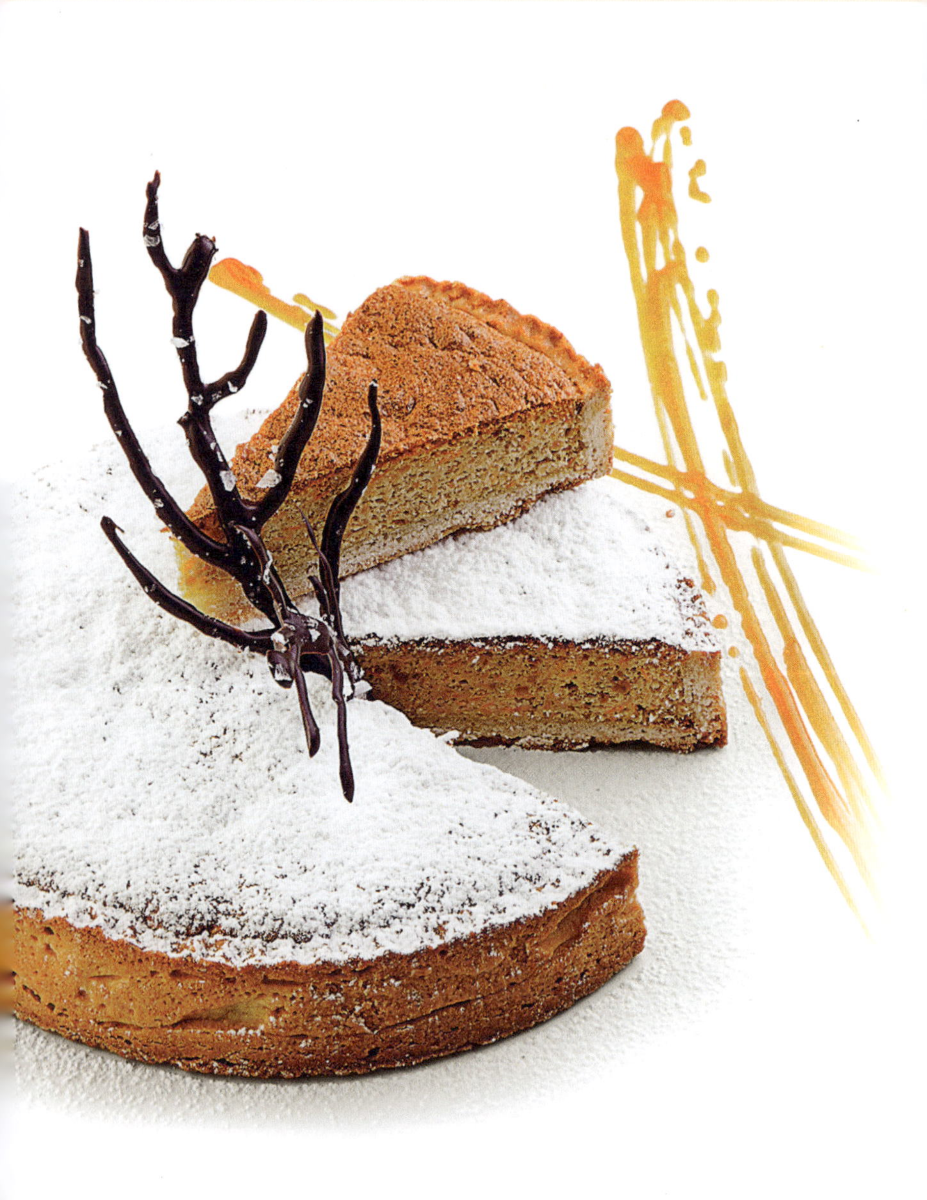

Torta di carote

Dosi per 4 persone

Ingredienti

- 125 g di tuorlo (circa 8 tuorli)
- 325 g di albumi (circa 20 albumi)
- 175 g di zucchero semolato
- 150 g di farina di nocciole
- 150 g di farina di mandorle
- 100 g di farina 00
- 5 g di lievito in polvere
- 50 g di granella di nocciole
- 300 g di carote
- 1 arancia non trattata
- 1 pizzico di sale

Preparazione

- Lavare, pelare e grattugiare le carote.
- Montare i tuorli con 75 g di zucchero, fino a raggiungere un colore chiaro e una consistenza spumosa. Aggiungere le carote, il sale, la granella di nocciole e la scorza grattugiata di un'arancia. Amalgamare aiutandosi con una spatola.
- A parte montare gli albumi a neve aggiungendo gradualmente a pioggia 100 g di zucchero. Incorporare ai tuorli mescolando dal basso verso l'alto avendo cura di non farli smontare.

- Setacciare le farine insieme al lievito in polvere (questo passaggio, spesso tralasciato, è fondamentale per evitare il formarsi di grumi). Quindi unire al composto e continuare a mescolare dal basso verso l'alto. Versare in uno stampo per torte, precedentemente imburrato e infarinato, e cuocere in forno già caldo a 170° C per circa 40 minuti.

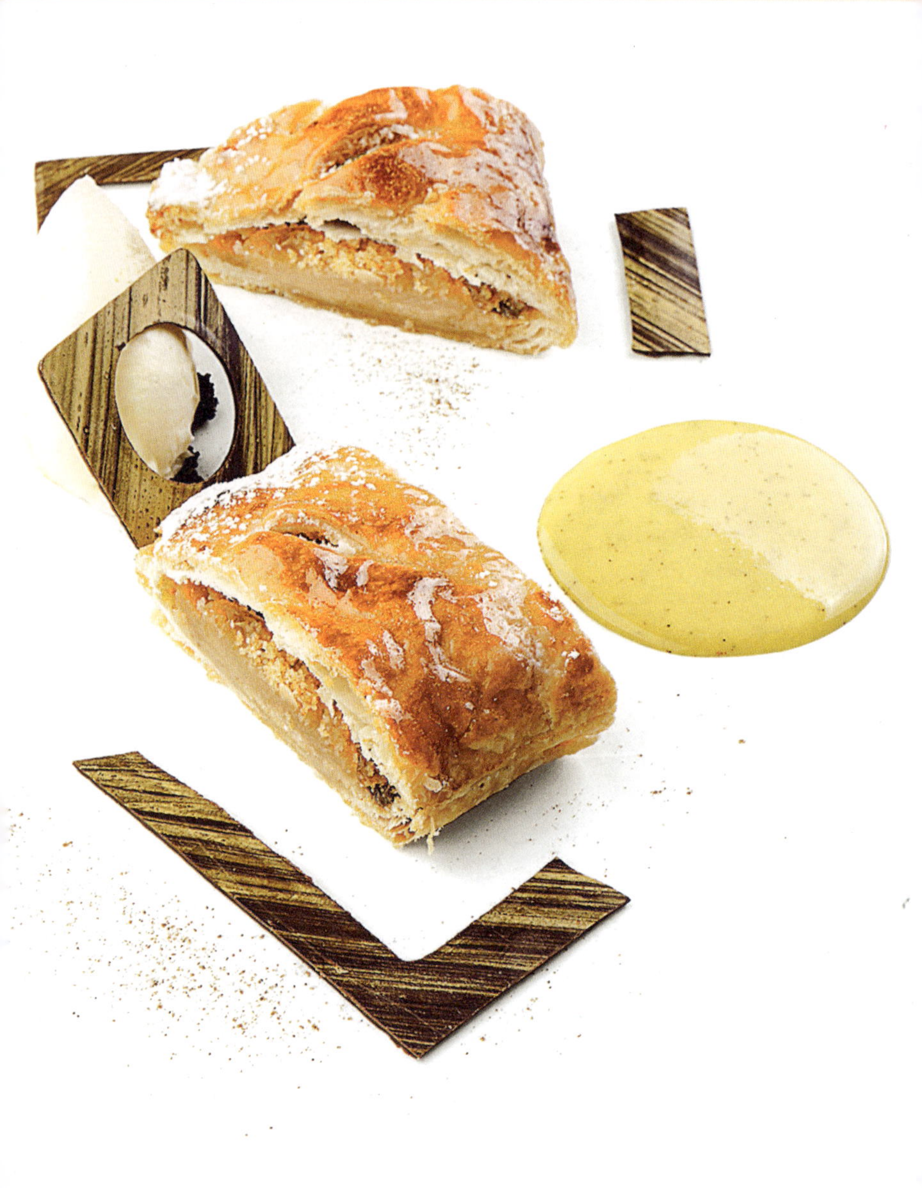

Strudel di mele

Dosi per 4 persone

Ingredienti

Per il ripieno
- 1 kg di mele
- 60 g di burro
- 50 g di pangrattato
- 60 g di zucchero semolato
- 50 g di uva sultanina
- il succo di 1 limone
- 1 cucchiaio di pinoli
- cannella in polvere

Per la pasta
- 280 g di farina 00
- 100 ml di olio evo
- 1 uovo
- 1 tuorlo
- 100 ml d'acqua
- zucchero a velo
- sale

Preparazione

Per il ripieno

- Lavare, sbucciare e tagliare le mele a pezzetti. Metterle a bagno in acqua fredda e succo di limone. Scolarle e saltarle in una casseruola con il burro fuso. Continuare la cottura aggiungendo lo zucchero, l'uvetta precedentemente ammollata nell'acqua, la cannella in polvere, i pinoli e il pangrattato tostati in precedenza. Amalgamare il composto, quindi toglierlo dal fuoco e farlo raffreddare.

Per la pasta
- Su una spianatoia formare una fontana con la farina, aggiungere l'uovo al centro, un pizzico di sale e iniziare a impastare. Aggiungere l'olio e poco per volta l'acqua tiepida. L'impasto va lavorato a lungo e con forza fino a raggiungere una consistenza morbida e non elastica. A questo punto formare una palla, coprirla con la pellicola e farla riposare per almeno 1 ora a temperatura ambiente.
- Su una spianatoia infarinata, stendere l'impasto fino a formare un grosso rettangolo molto sottile. Farcirlo con il ripieno uniformemente ma lasciando libero il bordo.
- Arrotolare lo strudel dopo aver spennellato il bordo con il tuorlo d'uovo per facilitarne la chiusura.
- Spostarlo su una placca ricoperta di carta forno e spennellarlo in superficie con il burro. Cuocere in forno preriscaldato a 180° C per 40 minuti. Una volta sfornato, spolverare con lo zucchero a velo.

Come servire

Si può abbinare questo dolce a una crema inglese o a un gelato alla vaniglia.

Addíos!

Indice

p. 3 Cucinare è un gesto d'amore

Antipasti

7   Cardi alla bagna cauda
11   Polenta Taragna
15   Vitello tonnato
19   Carne cruda alla piemontese
25   Insalata di nervetti
29   Insalata di cappone
33   Fiori di zucca ripieni
37   Sformatino ai carciofi
41   Bagnetto verde

Primi

47   Risotto con le rane
51   Cappelletti in brodo di gallina
55   Gnocchi di castagne
59   Pasta mischiata e cavolfiori
63   Zuppa di ceci
67   Fregola sarda con cozze e pecorino
73   Linguine con pesto di basilico, patate e fagiolini
77   Spaghettoni all'amatriciana
81   Ravioli del plin ai tre arrosti
85   Tagliatelle alla bolognese
89   Zuppa di pesce
95   Risotto ai frutti di mare

Secondi di pesce

p. 103	Seppie e piselli
107	Calamari ripieni di patate e cime di rapa, salsa di zucchine e pomodori confit
113	Burrida
117	Sarde a beccafico
121	Totani e patate
127	Baccalà mantecato
131	Baccalà in umido
133	Triglie alla livornese
137	Sogliola alla mugnaia
141	Scorfano all'acqua pazza

Secondi di carne

149	Coniglio ai peperoni
153	Polpette di carne
157	Ossobuco alla milanese
161	Trippa di vitello
165	Arrosto di vitello
171	Spezzatino di manzo
175	Cotoletta di vitello alla milanese
179	Scaloppine al marsala
183	Pollo alla cacciatora
187	Fegato con cipolle stufate
191	Zuppa forte

Dolci

197	Cannoli di ricotta
201	Frittelle al mascarpone
205	Tiramisú
209	Zeppole di san Giuseppe
213	Semifreddo al frutto della passione
217	Panna cotta

| p. 221 | Torta di carote |
| 225 | Strudel di mele |

È utile sapere

21	I ferri del mestiere
69	Aggiungi un posto a tavola
123	Il pane quotidiano
167	Quattro chiacchiere sul bere

Le storie di Antonino

43	Lo stupore di un bambino
99	Il cibo fa viaggiare
143	Mangiare è sempre una festa
193	Non si butta via niente

*Questo libro è stampato su carta certificata FSC®
e con fibre provenienti da altre fonti controllate.*

Stampato per conto della Casa editrice Einaudi
presso ELCOGRAF S.p.A. - Via Mondadori, 15 - Verona

C.L. 22926

Edizione   Anno

4   5   6   7   8   9   10   2017   2018   2019   2020

F6728
NETTICI
IL CROME
CANNAVACCIUOL
4^ ED. SL/EXT
EINAUDI

DZ 00827835D9